Ulrike Wiebrecht

Die besten Wanderungen
rund um Berlin

Inhalt

Wanderland Brandenburg 4
Tipps zum Wandern 4
GPS-Tracks 5
Mit Bahn & Bus zum Wandern 6

1 Wandlitz – Wandlitzsee · Dichter Buchenwald und zwei glasklare Badeseen · Länge 11,5 km · Gehzeit 3,5 Std. 8

2 Wensickendorf – Birkenwerder · Auf dem 66-Seen-Weg durch das märchenhafte Briesetal · Länge 14 km · Gehzeit 3,5 Std. 14

3 Joachimsthal – Eichhorst · Vom Kaiserbahnhof Joachimsthal zum Werbellinsee und nach Altenhof
Länge 17 km · Gehzeit 4,5 Std. 20

4 Falkenberg – Bad Freienwalde · Auf dem Turmwanderweg nach Bad Freienwalde · Länge 16,5 km · Gehzeit 5 Std. 28

5 Britz – Chorin · Durch das Biosphärenreservat Schorfheide zum Kloster Chorin · Länge 12,5 km · Gehzeit 3,5 Std. 36

6 Chorin – Brodowin · Vom Kloster Chorin ins Ökodorf Brodowin
Länge 14,5 km · Gehzeit 3,5 Std. 43

7 Buckow: Poetensteig · Tour in die Märkische Schweiz: Vom Poetensteig zur Pritzhagener Mühle
Länge 10 km · Gehzeit 3 Std. 48

8 Buckow: Große Rundtour · Die große Rundtour durch Brandenburgs Mini-Alpen · Länge 20,5 km · Gehzeit 6,5 Std. 55

9 Bad Saarow – Wendisch Rietz · Vom „Märkischen Meer" zur Binnendüne und nach Wendisch Rietz
Länge 24 km · Gehzeit 6,5 Std. 62

10 Bremsdorfer Mühle – Müllrose · Von Mühle zu Mühle durchs Schlaubetal
Länge 19 bzw. 12,5 km · Gehzeit 5,5 bzw. 4 Std. 72

11 Lübbenau – Burg · Durch den Spreewald von Lübbenau nach Burg · Länge 16,5 km · Gehzeit 4 Std. 80

12 Sacrower See & Königswald · Vom Sacrower See zur Heilandskirche und durch den Königswald
Länge 15 km · Gehzeit 4 Std. 88

Inhalt

13 Potsdam – Caputh · Auf den Spuren Albert Einsteins von Potsdam nach Caputh · Länge 8 bzw. 9,5 km · Gehzeit 2,5 Std. 94

14 Um den Schwielowsee · Wanderung um den idyllischen Schwielowsee · Länge 14,5 km · Gehzeit 4,5 Std. 101

15 Kloster Lehnin · Vom Zisterzienserkloster zum Backofenmuseum · Länge 14 km · Gehzeit 4 Std. 108

16 Bad Belzig – Rädigke · Von der Burg Eisenhardt zum Rundlingsdorf Rädigke · Länge 13 bzw. 18 km · Gehzeit 4 bzw. 5,5 Std. 114

17 Wiesenburg – Bad Belzig · Auf dem Kunstwanderweg durch den Hohen Fläming – Nordroute
Länge 19 km · Gehzeit 5,5 Std. 119

18 Bad Belzig – Wiesenburg · Auf dem Kunstwanderweg durch den Hohen Fläming – Südroute
Länge 16,5 km · Gehzeit 4,5 Std. 128

19 Heiligengrabe · Durch die Prignitz pilgern auf dem Annenpfad
Länge 22 km · Gehzeit 5 Std. 134

20 Lindow – Gransee · Vom lieblichen Lindow zum Luisendenkmal in Gransee · Länge 15 km · Gehzeit 4 Std. 140

21 Neuruppin – Rheinsberg · Quer durch die Ruppiner Schweiz – in ein, zwei oder drei Etappen
Länge 16, 17½ bzw. 29 km · Gehzeit 4½, 5 bzw. 8 Std. 146

22 Um den Rheinsberger See · Vom Musenhof um den Rheinsberger See · Länge 17,5 km · Gehzeit 5 Std. 156

23 Um den Großen Stechlinsee · Auf Fontanes Spuren um den Großen Stechlinsee · Länge 14 km · Gehzeit 3,5 Std. 164

24 Dannenwalde – Fürstenberg · Vom Barfußpfad in die Wasserstadt Fürstenberg · Länge 22,5 km · Gehzeit 7 Std. 170

25 Lychen: Woblitzumrundung · Auf dem Woblitzrundweg zur Pforte des Himmels · Länge 20,5 km · Gehzeit 5 Std. 177

26 Kleiner Boitzenburger · Vom Verlobungsstein zu Apollo-Tempel und Baumehe · Länge 10,5 km · Gehzeit 3 Std. 184

Register 190
Impressum 192

Wanderland Brandenburg

Mag sein, dass Brandenburg nicht unbedingt als Wanderland gilt. Doch ganz zu Unrecht. Denn die weite Region rund um Berlin birgt ganz unterschiedliche Landschaften und vor allem Natur pur. Ausgedehnte Waldgebiete, elf Naturparks, drei Biosphärenreservate, ein Nationalpark und mehr als 3 000 Seen und 33 000 Kilometer Fließgewässer machen den besonderen Reiz dieser Region aus. Und wenn es tatsächlich irgendwann langweilig zu werden droht, taucht ein Schloss, eine alte Mühle oder eine Dorfkirche auf, vielleicht auch eine bizarre Skulptur – wie auf dem Kunstwanderweg zwischen Bad Belzig und Wiesenburg.

Überhaupt hat sich in den letzten Jahren in Sachen Infrastruktur viel getan. Zahlreiche neue, auch zertifizierte Wanderwege entstanden, bestehende wurden erneuert oder besser markiert. Hier und dort sind ehemals verrammelte Bahnhöfe als Wanderbahnhöfe zu neuem Leben erwacht. Kein Wunder, dass immer mehr Menschen die Wanderstiefel schnüren!

Tipps zum Wandern

➪ **Fahren alle Bahnen?**
Vor der Tour sicherheitshalber noch einmal die aktuellen Fahrpläne im Internet prüfen.

➪ **Gutes Schuhwerk**
Bei Wanderungen ab vier Stunden empfehlen sich Wanderstiefel.

➪ **Kleidung für jede Wetterlage**
Je nach Jahreszeit Badezeug, Regen-, Sonnen- und/oder Mückenschutz.

➪ **Erste-Hilfe-Set**

➪ **Proviant**
Genügend Trinkflüssigkeit und etwas zu essen. Die Einkehrmöglichkeiten sind in manchen Gegenden dünn gesät und/oder können geschlossen haben.

Information
Nützliche Informationen zum Thema Wandern in Brandenburg gibt es auch bei den **lokalen Tourist-Informationen.**

Tourismus Marketing Brandenburg GmbH
Am Neuen Markt 1 · 14467 Potsdam ·
(03 31) 2 00 47 47 ·
www.reiseland-brandenburg.de

Spezielle Informationen zum 66-Seen-Weg
Am Bahnhof ·
15711 Königs Wusterhausen ·
www.seenweg.de

Weitere Informationen zum Wandern unter www.wander-bahnhoefe-brandenburg.de

Die Wanderungen

Allen, die sich in Brandenburg auf den Weg machen wollen, soll dieses Buch helfen, die richtige Route zu finden. Sowohl was die Kondition als auch die persönlichen Vorlieben angeht. Zum einen sind viele leichte Wanderungen für Ungeübte dabei, zum anderen wurden die Touren so ausgewählt, dass sie nicht nur durch klassische Wanderregionen wie die Ruppiner Schweiz oder das Schlaubetal führen, sondern überhaupt in landschaftlich besonders reizvolle Gebiete wie das Briesetal oder die Gegend um den Stechlinsee. Es sind Strecken, die viel Abwechslung bieten und einen am Wegesrand allerhand entdecken lassen. Zum Genusswandern gehören schließlich auch sehenswerte Orte und Einkehrmöglichkeiten. Städte wie Rheinsberg, Gransee oder Lübbenau liegen am Weg, die schon für sich den Besuch lohnen, und viele liebenswerte Ausflugslokale wie die Pritzhagener Mühle in der Märkischen Schweiz. Einzigartige Baudenkmäler wie das Kloster Chorin, Schloss Meseberg oder die Heilandskirche von Sacrow wechseln sich ab mit Kleinoden wie dem Sommerhaus von Albert Einstein oder dem Backofenmuseum in Emstal.

GPS-Tracks

Als Ergänzung zu den Karten im Buch kann man die GPS-Tracks für alle Touren auf der Homepage des via reise verlags herunterladen. Damit lässt sich die Wegstrecke auf einem Smartphone oder einem anderen GPS-Gerät darstellen. Den Link und eine Kurzanleitung zur Verwendung der Dateien gibt es bei den Informationen zum Buch unter www.viareise.de.

Die Autorin

Ulrike Wiebrecht, Reisejournalistin und Buchautorin in Berlin, hat erst auf dem Umweg über Spanien Brandenburg entdeckt. Bei Wanderungen durch die bewaldete und seenreiche Hauptstadtregion genießt sie das Glück der Entschleunigung.

Mit Bahn & Bus zum Wandern

Alle Start- und Endpunkte in diesem Buch lassen sich mit öffentlichen Verkehrsmitteln erreichen. Die meisten schnell und unkompliziert mit der Bahn, bei einigen wenigen ist die Anfahrt umständlicher, weil Busse nur selten fahren und manche Strecken im Winter gar nicht bedient werden. Grundsätzlich wurde die Streckenführung der Wanderungen so ausgewählt, dass die kompliziertere bzw. längere Fahrt am Anfang, die kürzere oder unkompliziertere am Schluss liegt.

Doch sollte man sich vor allem im Hinblick auf die Busverbindungen vor der Abfahrt noch einmal vergewissern, dass das betreffende Verkehrsmittel an dem bestimmten Tag auch tatsächlich verkehrt. Zu beachten ist außerdem, dass in einigen wenigen Gegenden nur **Rufbusse** zur Verfügung stehen, bei denen man die Fahrt mindestens 90 Minuten vor Abfahrt anmelden muss.

Tickets

Was den Fahrschein betrifft, muss man unterscheiden zwischen Fahrten ins Berliner Umland, zum Beispiel nach Potsdam oder Birkenwerder **(Tarifbereich ABC)**, und solchen zu weiter entfernten Zielen in Brandenburg.

Touren ins nahe Berliner Umland (Berliner S-Bahn-Bereich)

Entweder löst man einen Einzelfahrschein oder eine Tageskarte zum Fahrziel. Ab drei Personen lohnt sich eine Kleingruppentageskarte (für maximal fünf Personen). Wer allerdings eine Monatskarte (Umweltkarte) für den Berliner Stadtbereich (Tarifbereich AB) hat, braucht für die Fahrt in die nähere Umgebung (Tarifbereich C) nur einen Anschlussfahrschein (1,70 €) zu lösen.

Ticket	AB	BC	ABC
Einzelfahrschein	2,90 €	3,30 €	3,60 €
Tageskarte	8,60 €	9,00 €	9,60 €
Kleingruppen-Tageskarte	23,50 €	24,30 €	24,90 €

Stand: September 2020

Mit Bahn & Bus zum Wandern

Touren ins weitere Brandenburg

Für die weiter entfernten Ziele in Brandenburg richten sich die Preise nach der Länge der Strecke. Oft ist hier eine Tageskarte die günstigste Wahl. Auch deshalb, weil man dann schon die Rückfahrkarte hat und sich nicht an einem einsamen Brandenburger Haltepunkt mit einem Fahrkartenautomaten beschäftigen muss, der womöglich nur passende Münzen annimmt. **Gut zu wissen:** Wer im Besitz einer **BahnCard** ist, zahlt den Ermäßigungstarif (beim Fahrkartenkauf angeben!).

Tipp: Für Kleingruppen (zwei bis fünf Personen) ist das **Brandenburg-Berlin-Ticket** am günstigsten. Es lohnt sich in vielen Fällen schon ab zwei Personen.

Ticket	VBB-Gesamtnetz
Einzelfahrschein	je nach Entfernung
Tageskarte	22 €
Brandenburg-Berlin-Ticket [1]	33 € (am Automaten/im Internet) 35 € (am Schalter)

[1] Gilt für bis zu fünf Personen (Wenn es von zwei Erwachsenen genutzt wird, kann *eine* der Personen beliebig viele *eigene* Kinder/Enkel unter 15 Jahren mitnehmen) werktags von 9 Uhr bis 3 Uhr des Folgetages, am Wochenende ab 0 Uhr.

Alle Fahrscheine sind an den BVG- und S-Bahn-Automaten zu erwerben. Auch an den Ticketschaltern von BVG, S-Bahn und Deutscher Bahn kann man die Fahrkarten kaufen – sowie bequem per Smartphone über die **VBB-App,** auch ohne Registrierung. Alle weiteren Informationen zur An- und Abreise mit öffentlichen Verkehrsmitteln gibt es beim **Verkehrsverbund Berlin-Brandenburg (VBB)** (Kundentelefon (0 30) 25 41 41 41 · www.vbb.de).

Anfahrt mit dem Pkw

Für diejenigen, die mit dem Auto anreisen wollen, bieten sich besonders die Rundwanderungen, zum Beispiel um den Stechlinsee, um den Rheinsberger See oder der Kleine Boitzenburger, an. Bei den übrigen Wanderungen besteht die Möglichkeit, per Bus oder Zug zum Ausgangspunkt zurückzufahren.

Wandlitz – Wandlitzsee

1 Dichter Buchenwald und zwei glasklare Badeseen

Start	Ziel	Länge	Gehzeit
Bahnhof Wandlitz	Bahnhof Wandlitzsee	11,5 km	3,5 Std.

Zwei wunderbare Seen mit glasklarem Wasser – und doch sind sie ganz unterschiedlich. Während beim größeren Wandlitzsee der Blick in die Weite schweift, ist der idyllische Liepnitzsee von dichtem Buchenwald und lauschigen Badestellen umzingelt. Außerdem lockt in seiner Mitte die Insel Großer Werder zu romantischen Fluchten in eine kleine Wildnis. So ist es reizvoll, auf einer Wanderung die unterschiedlichen Gewässer mitsamt dem schönen Stück Naturpark Barnim, in das sie eingebettet sind, zu erkunden. Bei der gemütlichen Tour bleibt noch genügend Zeit für einen Besuch in einem der Strand- oder Waldbäder, eine Bootspartie oder ein Picknick am Wasser.

Viele idyllische Buchten schmiegen sich an das Ufer des Liepnitzsees

Wandlitz – Wandlitzsee

Infos zur Tour

Hinfahrt
Bahnhof Wandlitz
(RB27, stdl. ab S-Bhf. Karow, bis dahin S2 alle 10 Min., ca. 45 Min. ab S-Bhf. Friedrichstraße)

Rückfahrt
Bahnhof Wandlitzsee
(RB27, stdl. bis S-Bhf. Karow)

Streckenverlauf
S-Bhf. Wandlitz – Liepnitzsee – Ützdorf – Waldbad Liepnitzsee – Drei Heilige Pfühle – S-Bhf. Wandlitzsee

Streckencharakteristik
Landschaftlich sehr reizvolle Wanderung auf Waldwegen und -pfaden sowie kurzen Abschnitten auf Straßen

Schwierigkeit
Einfach

Für Kinder
Ja

Beschilderung
Lokale Ausschilderung, Rundweg Liepnitzsee mit gelbem Punkt, zum Teil auch blauer Querstrich bzw. blauer Punkt für den 66-Seen-Wanderweg

Baden
Badestellen rund um die Seen sowie
Waldbad Liepnitzsee · Gottlieb-Daimler-Straße · 16321 Bernau · (0 33 97) 8 19 15 · Mai–Sep. 10–19 Uhr · 4 € / 2–3 €
Strandbad Wandlitzsee · Prenzlauer Chaussee 154 · 16348 Wandlitz· (0 33 97) 36 07 91 · Juli/Aug. 9–20, Juni /1.–15. Sep. 10–19 Uhr · 3 € / 1 €

Fähre Liepnitzsee 4
Verkehrt zwischen den Fährstellen Süd und Nord und der Insel Großer Werder im Liepnitzsee.
(01 72) 3 60 97 75 · www.liepnitzinsel.de · im Sommer tgl. von 10 Uhr bis etwa eine Stunde vor Sonnenuntergang, aktuelle Zeiten auf der Website.

Sehenswertes
Barnim Panorama
Mit originell aufbereiteter Ausstellung zur Region, auch Touristinformation.
Breitscheidstr. 8–9 · 16348 Wandlitz · (03 33 97) 68 19 20 · www.barnim-panorama.eu · Sa–Do 10–18 Uhr

Einkehren
Insulanerklause
Idyllisch gelegener Biergarten auf der Insel im Liepnitzsee.
Großer Werder · Am Liepnitzsee 3 · 16348 Wandlitz · (01 72) 3 60 97 75 · Fr–So/Fei zu den Fährzeiten, z. T. auch Mo–Do

Jägerheim Ützdorf/ Hotel am Liepnitzsee
Gutbürgerliche Küche (EZ ab 50 €, DZ ab 75 €).
Wandlitzer Str. 12 · 16348 Wandlitz · (03 33 97) 75 30 · www.hotel-am-liepnitzsee.de · tgl. ab 11.30 Uhr

Strandrestaurant Ristorante alla Fontana
Italienische Küche und große Terrasse.
Prenzlauer Chaussee 154a · 16348 Wandlitz · (03 33 97) 6 83 03 · www.fontana-wandlitz.de · tgl. ab 11 Uhr

1 Wandlitz – Wandlitzsee

Wandlitz

Wandelice – Menschen, die am Wasser leben – nannten die Slawen das frühere **Wandlitz,** bevor sich hier im 13. Jahrhundert deutsche Siedler niederließen und der Ort zu den deutschen Markgrafen kam. Mit der Bahnverbindung von Berlin nach Groß Schönebeck, der Heidekrautbahn, blühte er zu Beginn des 20. Jahrhunderts zum Erholungsort auf. Davon zeugen noch heute das 1926 eröffnete Strandbad sowie die schönen Villen und Landhäuser, die das Seeufer im Ortsteil Wandlitzsee säumen. Hier steht auch das Bahnhofsgebäude Wandlitzsee, das zu jener Zeit von dem Berliner Architekten Wilhelm Wagner im Bauhausstil errichtet wurde. Im alten Ortskern hat sich indessen neben der Friedenseiche von 1872 die **Dorfkirche** von 1716 mit barockem Innenraum erhalten. Nicht weit davon entfernt ist unter dem Motto **Barnim Panorama** das Besucherzentrum des Naturparks Barnim im ehemaligen Agrarmuseum untergekommen. In einer gemeinsamen Ausstellung werden die Themen Naturschutz und Landwirtschaft erstmals zusammen betrachtet – mit einer begehbaren Landkarte, einer Traktoren-Herde in einer gläsernen Halle und einem Schaugarten veranschaulicht sie die Entwicklung von Natur und Landwirtschaft von der Eiszeit bis heute. Ganz am Ende der Breitscheidstraße versteckt sich noch das **Seepark Kurhotel** und überrascht mit einem kleinen Landschaftsgarten.

km 0–3 Von Wandlitz zum Liepnitzsee

Ausgangspunkt der Tour ist der Bahnhof Wandlitz. Bevor man startet, kann man sich erst noch im Ort umsehen. Dazu läuft man vom Bahnhof aus gesehen links auf der Bernauer Chaussee in den alten Dorfkern. Ansonsten wandert man in entgegengesetzter Richtung über den Bahnübergang und an alten und neuen Villen vorbei, bis nach 800 Metern am Waldhotel links ein Wanderweg abzweigt. Herrliche haushohe Buchen begleiten einen nun, oft federt Laub die Schritte ab, bevor es nach etwa 1,6 Kilometern zwischen den Bäumen auf einem Stichweg in Richtung Liepnitzsee hinunter geht. Schon blitzt das Wasser zwischen den Bäumen auf. Am Ufer angekommen, läuft man rechts auf dem Uferweg weiter.

Wandlitz – Wandlitzsee 1

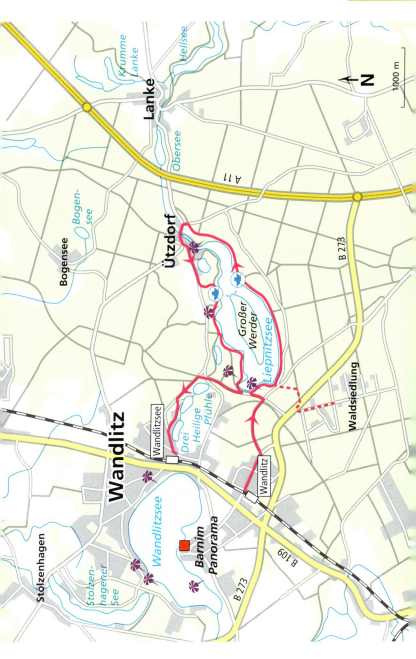

1 Wandlitz – Wandlitzsee

Als Relikt der Weichseleiszeit inmitten von bis zu 30 Meter hohen Endmoränen ist der **Liepnitzsee** ein besonders beschauliches Stück Naturpark Barnim. Rundum ist das glasklare Wasser von schönem Laubwald mit zum Teil haushohen Buchen, Eichen und anderen Bäumen umgeben und Heimstatt vieler Fischarten wie Aale, Hechte, Maränen oder Krebse. Für zusätzlichen Reiz sorgt die Insel **Großer Werder,** die mit 34 Hektar einen erheblichen Teil des Sees einnimmt. Sowohl am Süd- als auch am Norduferbefinden sich Fährstellen, von denen aus in der warmen Jahreszeit mehrmals täglich eine Fähre zu dem romantischen Eiland hinüberfährt. Neben der Insulanerklause, die einfache Speisen und Getränke anbietet, gibt es hier einen Campingplatz, der hauptsächlich von Dauercampern genutzt wird; weitere Attraktionen sind einige Badestellen und ein 70 Meter hoher Kiesberg.

Abstecher zur Waldsiedlung Wandlitz

Vom Südufer des Liepnitzsees aus bietet sich ein Abstecher zur **Waldsiedlung Wandlitz** an, die auf der anderen Seite der B 273 liegt. Zu DDR-Zeiten wohnten hier die höchsten Repräsentanten der Partei- und Staatsführung und ihre Familien. 1958 erbaut, war das Wohngebiet bis zur Wende mit hohen Zäunen hermetisch abgesperrt. Auch wenn die Einfamilienhäuser damals als sehr komfortabel galten – für heutige Verhältnisse wirken sie nicht sonderlich luxuriös und zeugen vom eher kleinbürgerlichen Geschmack ihrer früheren Bewohner. Wer will, kann hier auch einen Blick auf das ehemalige Wohnhaus Erich Honeckers werfen, das sich am Habichtweg 5 befindet. Heute gehört es wie die übrigen Gebäude zur Brandenburg-Klinik.

km 3–11,5 Vom Liepnitzsee zum Bahnhof Wandlitzsee

Immer mit Blick aufs Wasser und den Großen Werder läuft man auf dem Pfad am Ufer entlang an der Fährstelle am Südufer vorbei zur östlichen Spitze, wo man bei der Abzweigung nach Bernau links in Richtung **Ützdorf** *wandert. Hier lädt das Hotel-Restaurant* **Jägerheim** *zur Stärkung mit gutbürgerlicher Küche ein.*

Dass das kleine Bauern- und Fischerdorf **Ützdorf** auch beliebter Aufenthaltsort ist, beweisen außerdem zahlreiche Ferienzimmer, eine Jugendherberge und die katholische Klosterherberge St. Ma-

Wandlitz – Wandlitzsee

Im beschaulichen Ortskern von Wandlitz eröffnet das Besucherzentrum Barnim Panorama interessante Perspektiven auf den Naturpark

ria Afra, die früher Kinderheim war und heute nach wechselvoller Geschichte ebenfalls Gäste aufnimmt. Rundum führen mehrere Wanderwege zum Bogensee, zur Hellmühle und nach Lanke mit dem Obersee.

Am Jägerheim vorbei läuft man links ca. 600 Meter auf einer wenig befahrenen asphaltierten Straße weiter, bis wieder links ein Pfad zum Ufer abzweigt. Auf und ab geht es am bewaldeten Seeufer und der Fährstelle Nord entlang, dann kommt man zum schönen Waldbad Liepnitzsee mit großer Liegewiese und Bootsverleih. Danach folgt ein Anglerverein; hier macht man eine scharfe Rechtskurve und biegt in den ausgeschilderten Wanderweg zum 2 Kilometer entfernten Bahnhof Wandlitzsee ein, der zu den Drei Heiligen Pfühlen führt. Gemeint sind damit drei kleine Seen, eher Teiche, die bald auf der linken Seite auftauchen und teils von Häusern umstanden, teils von dichtem Grün umwuchert sind. Schließlich gelangt man auf einen breiten Weg, der über die Straße An der Bogenheide und die links abzweigende Ruhlsdorfer Straße zum Bahnhof Wandlitzsee führt.

Wensickendorf – Birkenwerder

2 Auf dem 66-Seen-Weg durch das märchenhafte Briesetal

| **Start** | **Ziel** | **Länge** | **Gehzeit** |
| Bahnhof Wensickendorf | S-Bahnhof Birkenwerder | 14 km | 3,5 Std. |

Eine steife Brise ist auf der Wanderung durchs Briesetal nicht zu erwarten. Dafür eine märchenhafte Waldlandschaft mit Erlen, Buchen und anderen Baumriesen, durch die sich ganz gemächlich ein Bächlein namens Briese schlängelt. Da es sich bei der Tour um eine besonders reizvolle Etappe des 66-Seen-Wanderwegs handelt, liegen natürlich auch zwei Seen an der Strecke – der kleine Briesesee und der idyllische Boddensee bei Birkenwerder. Außerdem lockt eine Waldschule mit großem Abenteuerspielplatz.

In der idyllischen Waldlandschaft lassen sich auch kuriose Bauten wie diese Brücke entdecken

Wensickendorf – Birkenwerder

Infos zur Tour

Hinfahrt
Bahnhof Wensickendorf
(RB27, stdl. ab S-Bhf. Karow, bis dahin
S2 alle 20 Min., ca. 50 Min. ab S-Bhf.
Friedrichstraße)

Rückfahrt
S-Bhf. Birkenwerder
(S1, alle 20 Min., ca. 35 Min. bis S-Bhf.
Friedrichstraße)

Streckenverlauf
Bahnhof Wensickendorf – Forsthaus
Wensickendorf – Kolonie Briese –
Boddensee – Birkenwerder

Streckencharakteristik
Landschaftlich reizvolle Wanderung
auf Waldwegen und -pfaden

Schwierigkeit
Einfach

Für Kinder
Ja

Beschilderung
66-Seen-Wanderweg mit blauem Punkt

Baden
Badestellen am Bodden- und Briesesee

Besonderheiten
In der feuchten Waldlandschaft sollte
man sich bei entsprechender Witterung gegen Mücken schützen.

Sehenswertes
Waldschule Briesetal
OT Briese Nr. 13 · 16547 Birkenwerder ·
(0 33 03) 40 22 62 ·
www.waldschule-briesetal.de ·
Mo–Fr 8–15, Apr.–Okt. zusätzlich So
12–17 Uhr, im Winter eingeschränkte
Öffnungszeiten

Clara-Zetkin-Gedenkstätte
In der Gedenkstätte ist allerlei über
die einstige Reichstagsabgeordnete
der Kommunistischen Partei Deutschlands zu erfahren.
Summter Str. 4 · 16547 Birkenwerder ·
(0 33 03) 40 27 09 ·
Mo/Fr 11–16, Di/Do 11–18 Uhr

Einkehren
Altes Forsthaus Wensickendorf
In dem Traditionsbetrieb gibt es guten
hausgemachten Kuchen, köstlichen
Holundersaft und vieles mehr.
Am Forst 4 · 16515 Oranienburg/OT
Wensickendorf · (03 30 53) 7 19 24 ·
Sa/So/Fei 10–18 Uhr

Kaffeehaus Birkenwerder
Weit mehr als nur Kaffee: Besonders
köstlich sind Kaiserschmarrn und
Reibekuchen mit Lachs oder Apfelmus.
Clara-Zetkin-Str. 19a · 16547 Birken-
werder · (0 33 03) 21 93 30 ·
www.kaffehaus-birkenwerder.de ·
Fr–So/Fei 9–18 Uhr

Restaurant Boddensee
Gepflegtes Lokal mit großer Sonnenterrasse, wo man es sich von der
Ziegenkäseterrine bis zum Zwiebel-
rostbraten mit Blick auf den Boddensee schmecken lassen kann.
Brieseallee 20 · 16547 Birkenwerder ·
(0 33 03) 59 99 44 ·
www.boddensee.com ·
Mo–Sa 12–22, So ab 10 Uhr

2 Wensickendorf – Birkenwerder

Wensickendorf

Bis aufs Mittelalter geht das Bauerndorf Wensickendorf zurück, das ab 1450 dem Adelsgeschlecht derer von Arnim gehörte. Einen rasanten Aufschwung nahm der Ort im 20. Jahrhundert im Zusammenhang mit der 1901 eröffneten Heidekrautbahn. Durch sie kamen nicht nur zahlreiche Berliner hierher, rund um den Rahmer See entstand auch eine kleine Künstlerkolonie, zu der der Dramatiker Carl Zuckmayer, die Schauspieler Fritz Kampers, Eugen Klöpfer und Gustav Fröhlich gehörten. Schön anzuschauen ist die Feldsteinkirche von 1438, auf deren Turm eine Spitzhaube sitzt. Ist sie offen, kann man im Kirchenschiff den Kanzelaltar aus dem 18. Jahrhundert bewundern.

km 0–12 Von Wensickendorf zur Waldschule

Die Tour beginnt am Bahnhof von Wensickendorf, wo man den Hinweisschildern zum Schloss Oranienburg folgend an der Hauptstraße entlangläuft, bis kurz vor der hübschen Feldsteinkirche links die Zühlsdorfer Straße abzweigt. Auf dieser wandert man zwischen den letzten Häusern aus dem Ort hinaus, über Feld- und Wiesenwege in einen Kiefernwald, der einen bald zur Zühlsdorfer Mühle bringt. Heute ist die Wassermühle ein Sägewerk, vom Mühlrad ist nicht mehr viel zu sehen. Statt an ihr vorbeizugehen, nimmt man rechts den Briesesteig, der am Bach entlangführt, und gelangt nach wenigen Kilometern zum **Forsthaus Wensickendorf.** *Am Wochenende empfängt einen hier eine zwanglose Gartenwirtschaft mit Kuchen, Schmalzbrot, köstlichem Holundersaft und warmen Getränken zu zivilen Preisen, ansonsten muss man mit dem mitgebrachten Picknick vorliebnehmen. Danach geht es gegenüber vom Picknickplatz auf einen schmalen, schönen Waldweg, wobei man sich an der ersten Weggabelung links hält. Anfangs ist die Briese, die am Wandlitzsee entspringt und bei Birkenwerder in die Havel mündet, noch gar nicht zu sehen. Das dichte Gehölz des Erlenbruchwaldes versperrt die Sicht auf den Bach, bis irgendwann das dunkle Fließgewässer zum Vorschein kommt, das sich träge durch sumpfiges Gebiet schlängelt. Es ist wirklich märchenhaft anzusehen. Moore, Gräser, haushohe Erlen, Buchen, Lärchen und Fichten begleiten einen auf dem Weg, der über die Schlagbrücke und eine Landstraße hinweg an der Hubertusbrücke (und diversen Picknickplätzen) vorbei zur Kolonie Briese führt.*

Wensickendorf – Birkenwerder 2

2 Wensickendorf – Birkenwerder

Der Briesetaler Steig führt durch eine märchenhafte Feuchtlandschaft

Auf dem letzten Abschnitt tauchen schon die ersten Informationstafeln des Naturlehrpfads auf – Vorboten der **Waldschule,** die bei Kolonie Briese auf der anderen Seite des Bachs dazu einlädt, sich mit Flora und Fauna der Gegend zu beschäftigen. Nachdem man unterwegs an so manchem angenagten Baumstamm die Spuren der Biber ablesen konnte, wird man hier über den „Nager der Superlative" und das Leben der Fledermäuse aufgeklärt. Außerdem laden liebevoll angelegte Beete und ein kleiner Teich zum Verweilen ein. Wer will, kann sich auch gleich nebenan im Briesekrug stärken, bevor es weiter nach Birkenwerder geht.

km	Von der Waldschule nach Birkenwerder
12–14	*Für die letzte Etappe biegt man links in den Waldweg, der gleich nördlich des Briesekrugs beginnt. Nach gut 300 Metern zweigt rechts der Briesetaler Steig ab. Der Holzbohlensteg schlängelt sich eindrucksvoll durch urwaldartiges, sumpfiges Gelände – ein weiteres Highlight der Wanderung. An Ende des Bohlenwegs biegt man links in den breiten Waldweg ein, passiert den Waldfriedhof, um schließlich auf dem Wensickendorfer Weg zu laufen. Erst ist eine Eisen-*

Wensickendorf – Birkenwerder

bahnunterführung, dann die Autobahnbrücke zu passieren. Kurz darauf gelangt man links nach dem Abbiegen auf einem weiteren Bohlenweg über die Briese zum beschaulichen Boddensee. Nun geht es am Ufer mit dem Gasthaus weiter, bis der Weg in die Brieseallee mündet. Von der zweigt nach kurzer Zeit links der Akazienweg ab, der an den Gleisen entlang zum Bahnhof führt. Bevor die S-Bahn kommt, ist vielleicht noch Zeit für einen Abstecher zum Kaffeehaus Birkenwerder, wo man die Wanderung mit köstlichem Kaiserschmarrn samt Bratapfel beschließen kann.

Die Landschaft des Briesetals, der Boddensee und die 1925 geschaffene Badeanstalt in Briese ließen schon früher unzählige Berliner nach **Birkenwerder** strömen. 1912 wurde im Ort zudem noch eines der schönsten Rathäuser des Berliner Nordens errichtet. So macht das Städtchen auch noch heute einen einladenden Eindruck. Allerdings gab es auch finstere Zeiten. Kommunisten aus Birkenwerder waren mit die ersten Insassen des Oranienburger Konzentrationslagers. Auch Clara Zetkin wurde aus Birkenwerder vertrieben und enteignet. Daran erinnert heute das ehemalige Wohnhaus der Reichstagsabgeordneten, das inzwischen die **Clara-Zetkin-Gedenkstätte** ist. Besonderes Kuriosum ist ansonsten das Schuhmachermuseum, das in einem Schuhorthopädie-Laden in der Hauptstraße 44 untergekommen ist.

Erlen, Buchen, Fichten und Moore bilden die Kulisse des romantischen Bachtals

Joachimsthal – Eichhorst

3 Vom Kaiserbahnhof Joachimsthal zum Werbellinsee und nach Altenhof

Start	Ziel	Länge	Gehzeit
Kaiserbahnhof Joachimsthal	Eichhorst/Schleuse	17 km	4,5 Std.

Einen Märchenplatz nannte Fontane den 13 Kilometer langen Werbellinsee. Tatsächlich geht von dem bis zu 60 Meter tiefen Rinnenbeckensee ein besonderer Zauber aus. Aber nicht nur den bekommt man zu spüren, wenn man vom Kaiserbahnhof Joachimsthal nach Eichhorst läuft. Eine ganz andere Seite des Biosphärenreservats Schorfheide-Chorin offenbaren die Werbelliner Berge mit ihren ausgedehnten Waldgebieten. Besonders romantisch ist zudem die Wasserlandschaft am Werbellinkanal. Zwischendurch kann man sich Fischspezialitäten schmecken lassen, dem wieder auferstandenen Traditionshaus Café Wildau einen Besuch abstatten oder eine Runde mit dem Ausflugsdampfer drehen.

Kein seltener Anblick: Boote, die auf dem Wasser des märchenhaften Sees schaukeln

Joachimsthal – Eichhorst

Infos zur Tour

Hinfahrt
Kaiserbahnhof Joachimsthal
(RB63, stdl. ab Bhf. Eberswalde, bis dahin RE3, ca. 65 Min. ab Berlin Hbf.)

Rückfahrt
Haltestelle Eichhorst/Schleuse
(Mo–Fr mit Bus 905, Bus 910 und RE3, Sa/So mit Bus 917, Bus 910 und RE3, ca. 1 Std. 45 Min., Umsteigen jeweils in Finowfurth und Eberswalde.)

Varianten
Wer die Tour in Joachimsthal beenden will, kann während der Saison (Mitte Apr.–Mitte Okt.) auch mit dem Ausflugsdampfer von verschiedenen Stellen am See zurückfahren. Außerdem besteht die Möglichkeit, bereits ab Wildau mit dem Bus zurückzufahren.

Streckenverlauf
Kaiserbahnhof Joachimsthal – Altenhof – Süßer Winkel – Wildau – Eichhorst

Streckencharakteristik
Abwechslungsreiche Wanderung, großenteils auf Waldwegen und -pfaden, vielfach am Wasser entlang

Schwierigkeit
Einfach, mit leichten Steigungen

Für Kinder
Ja, bei entsprechendem Durchhaltevermögen

Beschilderung
Blauer Querstrich, ab Altenhof roter Querstrich, zuletzt (ab Süßer Winkel) gelber Punkt

Baden
Mehrere Badestellen am Werbellinsee

Sehenswertes
BIORAMA-Projekt
Highlight ist der Aussichtsturm mit schönem Blick über das Biosphärenreservat. Angeschlossen sind ein Ausstellungsgebäude und ein Café.
Am Wasserturm 1 · 16247 Joachimsthal · (03 33 61) 6 49 31 · Ostern–Okt. Do–So/Fei 11–18 Uhr · 4 € / 1 €

Einkehren
Alte Fischerei
Große Auswahl an Fischgerichten.
Am See 3 · 16244 Altenhof · (03 33 63) 31 41 · www.altenhof-werbellinsee.de · tgl. ab 11.30 Uhr

Café Eiszeit
Eisspezialitäten, Waffeln und mehr kann man sich hier auch im Liegestuhl im Beach-Garten schmecken lassen.
Schulstr. 1b · 16244 Schorfheide/ OT Eichhorst · (01 72) 3 23 01 96 · Do–Di 12–18 bzw. 19 Uhr

Café Wildau
Sehr gutes Restaurant und Hotel, schöne Seeterrasse. Fisch- und Wildgerichte, sehr schöne Zimmer mit Wellnessbereich (EZ ab 59 €, DZ ab 69 €).
Wildau 19 · 16244 Schorfheide/ OT Eichhorst · (03 33 63) 5 26 30 · www.cafe-wildau.de · tgl. 12–20.30 Uhr

3 Joachimsthal – Eichhorst

Kaiserbahnhof Joachimsthal

Wie der Name verheißt, geht der **Kaiserbahnhof** auf Kaiser Wilhelm II. zurück, der ihn Ende des 19. Jahrhunderts mitsamt der Bahnstrecke errichten ließ. So konnten hier die Jagdgesellschaften vom kaiserlichen Salonwagen auf die Kutsche umsteigen. Der Kaiser selbst soll nur 1898 einmal mit dem Zug zur Jagd nach Joachimsthal gekommen sein. Doch vor und nach ihm beehrten viele andere Prominente das Gebiet. Hauptattraktion war für sie die Schorfheide mit ihrem reichen Bestand an Rot-, Schwarz- und Damwild. Schon die Kurfürsten und preußischen Könige gingen hier gern zur Jagd. Für Friedrich Wilhelm IV. entstand in dem Zusammenhang auch das Jagdschloss Hubertusstock, das auf der gegenüberliegenden Seeseite steht, später Nazi-Größen wie Hermann Göring anzog und danach wiederum allerlei DDR-Prominenz. Heute steht im Biosphärenreservat der UNESCO mit seinen Seen, Mooren, Wäldern und Wiesen der Natur- und Landschaftsschutz an erster Stelle. Doch haben hier und da auch Kunst und Kultur Einzug gehalten. Aus dem adretten Fachwerkgebäude selbst ist Deutschlands erster Hörspielbahnhof geworden, wo man im Sommer Märchen, Erzählungen oder Krimis lauschen kann. Der Eintritt zu den Hörspielen ist frei, um Spenden wird gebeten (www.hoerspielbahnhof-joachimsthal.de · Juni–Anf. Okt. Fr–So/Fei 11–15, Juni–Aug. bis 16 Uhr · Hörspiele jeweils Sa, So um 15 und 18 Uhr · Führungen auf Anfrage). Wer will, kann auch noch dem BIORAMA-Projekt des britischen Künstlerpaars Sarah Phillips und Richard Hurding einen Besuch abstatten, das ein Stück weiter Richtung Stadtzentrum mit einem Aussichtsturm lockt. In Joachimsthal selbst hat neben dem kupfernen Kurfürstenbrunnen des Bildhauers Eckhard Herrmann die anmutige, von Schinkel mitgestaltete neugotische Kirche die Zeit überdauert. Gleich daneben öffnet zu den üblichen Bürozeiten des Rathauses ein Skulpturengarten seine Pforten.

km 0–9,5 Vom Kaiserbahnhof Joachimsthal nach Altenhof

Die Wanderung beginnt am Kaiserbahnhof von Joachimsthal. Von hier aus läuft man über die mit Kopfstein gepflasterte Straße L 238, überquert diese und folgt auf der anderen Seite dem mit blauem Querstrich markierten Hinweisschild nach Altenhof auf schmalem Pfad in den Wald hinunter. Ca. 400 Meter geht es gera-

Joachimsthal – Eichhorst 3

deaus, dann kommt man zur Schiffsanlegestelle an der Nordspitze des Werbellinsees. Hier wandert man nun links am Ufer und am Campingplatz Voigtswiese zwischen Gartengrundstücken entlang und weiter durch Waldlandschaft. Nach etwa 2 Kilometern zweigt der Weg links ab und führt geradewegs in die Werbelliner Berge hinauf. Oben angekommen, geht es im Rechtsbogen weiter durch den Laubwald mit hohen Buchen und Eichen. An einer Wegkreuzung folgt man links weiter der blauen Markierung, die zur Joachimsthaler Straße (L 238) führt. Diese quert man und läuft auf dem Rundweg Werbellinsee in Richtung Diebelsee. Bevor man zu diesem gelangt, biegt man aber schon an der ersten Wegkreuzung rechts in lichten Fichtenwald ab. Immer geradeaus kommt man am lieblichen Diebelsee vorbei, der von einem Aussichtspunkt zwischen den Bäumen zu erahnen – im Winter auch zu sehen – ist. Wer will, kann ihn auf dem ca. 1,3 Kilometer langen Weg umrunden. Anschließend geht es rechts wieder in Richtung Joachimsthaler Straße. Der Wanderpfad verläuft links von der Straße, wobei es immer wieder auf und ab geht, bis nach gut 2 Kilometern rechts die Altenhofer Waldstraße in den Ort und zum Seeufer hi-

Nirgends mundet der geräucherte Fisch besser als in der Alten Fischerei von Altenhof

Joachimsthal – Eichhorst

Die Treppe und der rot verglaste Aufzug führen zur Aussichtsplattform des BIORAMA-Projekts

nunterführt. Schon schweift der Blick an der Uferpromenade über das Wasser zur gegenüberliegenden Waldlandschaft.

Von Altenhof nach Wildau

km 9,5–14,5

*Nun geht es links zwischen Bootsanlegestellen, allerlei Seegrundstücken und Lokalen vorbei – dies wäre der richtige Ort, um eine kleine Stärkung zu sich zu nehmen. Danach folgt man den Hinweisschildern nach Eichhorst, Werbellin und zum ca. 4 Kilometer entfernten Süßen Winkel. An der Straßenkreuzung bleibt man in Ufernähe und läuft rechts weiter auf der Altenhofer Dorfstraße. Am Ortsende, wo der blau markierte Wanderweg links abzweigt, folgt man dem roten Querstrich etwas erhöht neben den letzten Seegrundstücken auf den von hohen Laubbäumen gesäumten Uferweg. Vorbei an einem Fitness-Parcours, mehreren Badestellen und dem Campingplatz Süßer Winkel erreicht man Wildau am südlichen Zipfel des Werbellinsees, an den sich der Werbellinkanal anschließt. Rechts erhebt sich der **Askanierturm** aus der romantischen Wasserlandschaft, zu dem man auch auf einer Brücke gelangt. Der 1879 errichtete Feldsteinturm mit Zinnenkranz aus Backstein erinnert*

3 Joachimsthal – Eichhorst

Der Werbellinsee bietet zu jeder Jahreszeit ein schönes Panorama

*an die Askanier, die im 13. Jahrhundert auf dem Hügel die Burg Werbellin gebaut hatten, welche später durch einen Brand zerstört wurde. Läuft man noch ein Stück weiter um den Südzipfel des Sees herum, kommt man zum Hotel-Restaurant **Café Wildau** mit Schiffsanlegestelle. Ursprünglich stand hier die Villa eines wohlhabenden Fabrikanten, die Kaiser Wilhelm II. Ende des 19. Jahrhunderts als Gästehaus seines nahe gelegenen Schlosses Hubertusstock nutzte. Nach dem Zweiten Weltkrieg war es ein beliebtes Ausflugslokal, wo auch auf dem Wasser getanzt wurde. Doch verkam es mit der Zeit. Als 1981 der Besuch des damaligen Bundeskanzlers Helmut Schmidt bevorstand, wurde die Ruine auf Anordnung der DDR-Behörden kurzerhand in den See entsorgt. Inzwischen ist das Haus als gediegenes Hotel-Restaurant wieder auferstanden und lädt mit seiner Terrasse zu Mußestunden am Wasser ein. Hier besteht auch die Gelegenheit, in der Sommersaison mit dem Ausflugsdampfer nach Joachimsthal zurückzufahren.*

km 14,5–17 Von Wildau nach Eichhorst

Von Wildau aus geht es nun weiter nach Eichhorst. Um dorthin zu gelangen, folgt man an der Brücke – ohne sie zu überqueren – dem mit gelbem Punkt markierten Wanderpfad auf der östlichen Seite des Werbellinkanals, der noch mal durch schöne Wald- und Wasserlandschaft führt. An der Schleuse angekommen, läuft man

Joachimsthal – Eichhorst

rechts in den Ort. Wenige Meter weiter nördlich befindet sich beim Gasthof zur Schorfheide an der Straße Zur Schorfheide die Bushaltestelle. Wenn noch Zeit ist, kann man sich auch im Ort umsehen.

Ein beschauliches Örtchen ist **Eichhorst,** das bereits 1211 erstmals urkundlich erwähnt wurde. Die eigentliche Besiedlung setzte aber aufgrund eines Briefes von König Friedrich I. an den Oberjägermeister in Liebenwalde ein: „… wir haben allergnädigst resolviert eine Papiermühle auf Holländische Art hier anlegen zu lassen", hieß es in dem Schreiben von 1709, und bald darauf wurde mit dem Bau begonnen. Als die Papiermühle abbrannte, rückte eine Mahl- und Schneidemühle an ihre Stelle, die heute nicht mehr existiert. Ohnehin war zwischenzeitlich die Binnenschifffahrt auf dem im 18. Jahrhundert angelegten Werbellinkanal zum wichtigsten Erwerbszweig geworden. Nachdem Eichhorst zu Beginn des 20. Jahrhunderts ein beliebtes Ausflugsziel wurde, sind heute auf dem Werbellinkanal hauptsächlich Freizeitkapitäne unterwegs.

Ufer des Werbellinsees: wo der Blick in die Weite schweift

Falkenberg – Bad Freienwalde

4 Auf dem Turmwanderweg nach Bad Freienwalde

Start	Ziel	Länge	Gehzeit
Bahnhof Falkenberg (MOL)	Bahnhof Bad Freienwalde	16,5 km	5 Std.

Wer in seinem Lebenslauf noch ein Diplom braucht – hier kann er es schnell erwerben. Allerdings muss man für das Turmdiplom ein bisschen steigen. Nicht nur vier Türme wollen erklommen werden, überhaupt ist Brandenburg selten so hügelig wie hier in Märkisch-Oderland, wo sich die Landschaft kurz vor dem flachen Oderbruch noch einmal wie ein Mittelgebirge aufbäumt. Nach dem vielen Auf und Ab kommt man schließlich im ältesten Kurstädtchen der Region an, in dem sich schon Kurfürst Friedrich Wilhelm und Königin Friederike Luise erholten. Eine Gedenkstätte im ehemaligen Schloss erinnert an einen anderen prominenten Gast der Stadt, den Politiker und Schriftsteller Walther Rathenau.

Nicht zu verkennen: die Markierung des Turmwanderwegs

Falkenberg – Bad Freienwalde

Infos zur Tour

Hinfahrt
Bahnhof Falkenberg (MOL)
(RB60, stdl. bzw. Sa/So alle 2 Std.
ab Bhf. Eberswalde, bis dahin RE3,
ca. 65 Min. ab Berlin Hbf.)

Rückfahrt
Bahnhof Bad Freienwalde
(RB60, stdl. bzw. Sa/So alle 2 Std.
bis Bhf. Eberswalde, weiter mit RE3,
ca. 1 Std. 10 Min. bis Berlin Hbf.)

Varianten
Abkürzung: an der Kurfürstenquelle
durch den Kurpark ins Zentrum von
Bad Freienwalde laufen

Streckenverlauf
Bhf. Falkenberg – Bismarckturm –
Teufelssee – Eulenturm – Schanzen-
turm – Aussichtsturm auf dem Galgenberg – Bhf. Bad Freienwalde

Streckencharakteristik
Abwechslungsreiche Tour, hauptsächlich auf Waldwegen und -pfaden, mit
kurzen Abschnitten auf Landstraßen

Schwierigkeit
Mittelschwere Wanderung mit einigen
Steigungen und steilen Abstiegen

Für Kinder
Ja, bei entsprechender Kondition

Beschilderung
Turmwanderweg mit braunem Turm auf
weißem Grund sowie Oderlandweg mit
rotem Punkt

Baden
Badestelle am Teufelssee

Besonderheiten
Alle vier Türme sind von Apr.–Okt.
Fr–So/Fei 10–17 Uhr geöffnet.
Eintritt: Bismarckturm 4/erm. 2 €,
Schanzen- und Eulenturm 2/erm. 1 €,
alle Türme 6/erm. 3 €. Wer das Turm-
diplom machen möchte, kauft sich am
ersten Turm das Diplom-Faltblatt.

Sehenswertes
Oderlandmuseum
Eines der ältesten Museen Branden-
burgs zur Geschichte der Region.
Uchtenhagenstr. 2 · 16259 Bad Freien-
walde · (0 33 44) 20 56 ·
Mi–Sa und Fei 11–17 Uhr

Walther-Rathenau-Gedenkstätte
Im Schloss Freienwalde werden Leben
und Werk Walther Rathenaus gezeigt.
Rathenaustr. 3 · 16259 Bad Freienwalde · (0 33 44) 34 70 · www.schloss-
freienwalde.de · Do–So 11–17 Uhr

Einkehren
Waldgaststätte Köhlerei
Im Wald Richtung Baasee, mit großem
Spiel- und Grillplatz.
Sonnenburger Str. 3c ·
16259 Bad Freienwalde ·
(0 33 44) 33 14 35 ·
Apr.–Okt. Mi–So 11–18,
Nov.–März Mi–So 11–17 Uhr

Café Blaue Zwiebel
Am idyllischen Ufer des Papenteichs
gibt es hausgemachten Kuchen, Eis
und regionale Spezialitäten.
Gesundbrunnstr. 32a · 16259 Bad
Freienwalde · (0 33 44) 1 50 19 27 ·
www.cafe-blaue-zwiebel.de ·
1. Mai–3. Okt. Fr–So/Fei 14–17 Uhr

4 Falkenberg – Bad Freienwalde

km 0–4 **Von Falkenberg bis zum Bismarckturm**

Vom Bahnhof Falkenberg aus läuft man durch die Bahnhofstraße in Richtung Ortsmitte zur B 167, die hier Karl-Marx-Straße heißt (Achtung: Nicht dem Fahrradweg nach Bad Freienwalde folgen!), und biegt dort links ab. Man darf sich nicht durch die vielen Schilder irritieren lassen, die rechts auf diverse Wanderwege hinweisen, und läuft knapp 1 Kilometer weiter geradeaus bis zum Theodor-Fontane-Park, wo es in einer Linkskurve beim Fontane-Gedenkstein rechts auf den Fontaneweg geht. Hier wird der mit einem braunen Turm gekennzeichnete Turmwanderweg erstmals angezeigt, der zu weiten Teilen mit dem mit rotem Punkt markierten Oderlandweg, zum Teil auch mit dem mit blauem Balken markierten Fontaneweg identisch ist. Kurze Zeit geht es auf einer ruhigen Straße aus dem Ort hinaus, dann führt links ein Pfad steil in den dichten, dunklen Mischwald mit Buchen, Eichen und Kiefern hinauf. Immer dem roten Punkt und dem Turm-Symbol folgend wandert man stetig auf und ab, an der Schutzhütte auf dem Tobbenberg vorbei, bis 200 Meter weiter links ein Weg zum Bismarckturm abzweigt. Diesen ca. 500 Meter langen Abstecher sollte man nicht auslassen, um den knapp 30 Meter hohen Turm aus Backstein zu bewundern, der hier mehr als hundert Jahre überdauert hat.

Den **Bismarckturm** ließ der Freienwalder Geschichtsverein 1895 zum Zeichen der Verehrung für Reichskanzler Otto von Bismarck errichten. In nur fünf Monaten entstand er auf den Ruinen der mittelalterlichen Burg Malchow aus dem 11. Jahrhundert, von der noch ein paar Reste zu sehen sind; oben schmücken ihn ein Stadtwappen und ein Bildnis von Bismarck. Nachdem der Turm im Zweiten Weltkrieg stark beschädigt wurde, ist er inzwischen saniert und wieder begehbar. Von der Aussichtsplattform hat man einen fantastischen Blick auf die Oderbruchlandschaft bis hin zum Schiffshebewerk von Niederfinow (Apr.–Okt. Fr-So/Fei 10–17 Uhr · Eintritt 4/erm. 2 €, alle Türme 6/erm. 3 €).

km 4–9,5 **Vom Bismarckturm bis zum Haus der Naturpflege**

Zurück an der Wegkreuzung umrundet man nun der Ausschilderung folgend den Watzmann – nicht den berühmten Gipfel in den Alpen, sondern einen gerade mal 100 Meter hohen Hügel

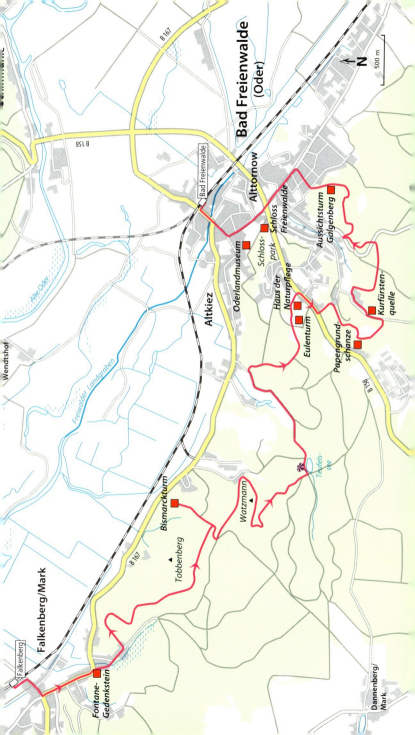

4 Falkenberg – Bad Freienwalde

Aus dem Holz von Douglasien: der Eulenturm

– und gelangt durch die Mariannenschlucht nach etwa 2,5 Kilometern zum Teufelssee. Wie eine grün schimmernde Perle liegt er inmitten des Waldes und bietet sich mit kleinem Rastplatz ideal für eine Pause an. Läuft man jetzt links ein Stück am nördlichen Seeufer entlang, sieht man bald rechts die Jugendherberge liegen. An ihr vorbei wandert man weiter durch den Wald auf und ab, vorbei an dem Thüringer Blick, bis nach ca. 2,5 Kilometern die ersten Häuser von Bad Freienwalde auftauchen. Auf dem Dr.-Max-Kienitz-Lehrpfad, der jetzt mit dem Turmwanderweg identisch ist und sich um allerlei Gartenanlagen herumschlängelt, erreicht man schließlich das Haus der Naturpflege.

Im **Haus der Naturpflege** mit kleiner Ausstellung und einem liebevoll angelegten Lehrgarten werden unter anderem Kräuterseminare angeboten. Wer will, kann sich auch im Heuhotel einmieten. Außerdem geht es gegenüber vom Haus der Naturpflege durch den Garten zum **Eulenturm.** Anders als die anderen Türme ist der rund 14 Meter hohe Aussichtspunkt aus Douglasienholz – und ein Geschenk des Brandenburger Umweltministeriums zum 90. Geburtstag von Kurt Kretschmann, dem „Vater des ostdeutschen Naturschutzes", der zuvor an der Stelle den sogenannten „Wackelturm" aus Robinienholz errichtet hatte.

km 9,5–15,5 Vom Haus der Naturpflege bis zum Galgenberg

Von hier läuft man weiter bis zur B 158 und ca. 1 Kilometer an ihr entlang, bis auf der linken Straßenseite der markierte Weg zum Jugend-, Kultur- und Bildungszentrum Offi abzweigt. Diesem folgt man, bis kurz vor dem Gebäude links ein kleiner Pfad zur **Skisprungschanze** *führt. Auf ihm wandert man ins Tal hinunter und sieht schon bald rechts inmitten des sogenannten Pa-*

pengrunds die Sprunganlage mit je einer 10-, 21-, 42- und 66-Meter-Schanze, auf denen deutsche und polnische Sportler trainieren. In der warmen Jahreszeit machen sie einen verwaisten Eindruck. Aber wer das Turmdiplom erhalten will, muss trotzdem hochsteigen. Ansonsten geht es im Bogen um die Schanzen herum und danach links auf kleinem Pfad hinter dem Sportplatz wieder in Richtung Wald. Wunderbare hohe Buchen säumen den Weg, der nun am Rosengarten, dem ehemaligen Brunnenfriedhof und der Umkehrbank vorbei zum Kurpark mit der **Kurfürstenquelle** führt. Wer eine Erfrischung braucht, kann gleich rechts am Wegesrand aus dem Steinbrunnen trinken, der 1900 dem ersten Kurgast von Bad Freienwalde, dem Großen Kurfürsten, gewidmet wurde – dem Wasser wird sogar eine heilende Wirkung nachgesagt. Außerdem kann man die Wanderung abkürzen, indem man jetzt durch den Kurpark ins Stadtzentrum läuft. Ansonsten geht man die letzten 50 Meter zurück bis zur Weggabelung, an der der Aussichtsturm von Bad Freienwalde ausgeschildert ist. Das Panorama, das er bietet, muss man sich noch einmal hart erkämpfen – erst auf dem schmalen, steilen Königin-Luise-Steig, der über 225 Treppenstufen zur Brunnenkapelle mit schönem Ausblick auf die Kurklinik führt.

Im Sommer machen die Skisprungschanzen einen verwaisten Eindruck

Falkenberg – Bad Freienwalde

Dann folgt man der Ausschilderung durch die Schweinebucht zum ca. 2 Kilometer entfernten Aussichtsturm Galgenberg, wobei man an der Kreuzung die asphaltierte Straße, die rechts zur ehemaligen Köhlerei mit schönem Abenteuerspielplatz und Gaststätte führt, überquert und auf der anderen Seite links in den markierten Wanderweg einbiegt, um bald darauf den Galgenberg zu erklimmen.

Der letzte Turm auf dem Galgenberg wurde ursprünglich nicht als **Aussichtsturm,** sondern als Kriegerdenkmal für die Gefallenen aus dem Barnimer Oberland während der Kriege gegen Dänemark, Österreich und Frankreich im 19. Jahrhundert errichtet. Mit seinen 25 Meter ist das Backsteingebäude nach umfassender Sanierung wieder geöffnet und bietet einen schönen Blick auf Kurstadt und Umgebung bis weit ins Oderbruch hinein.

km 15,5– 16,5 Vom Galgenberg zum Bahnhof von Bad Freienwalde

Vom Aussichtsturm führt ein Treppenweg nach Bad Freienwalde hinunter, wo es durch die Lisingenstraße ins Stadtzentrum geht. Links zweigt die Wriezener Straße ab, die später in die Königsstraße mündet. Schließlich geht es rechts auf der Karl-Marx- und späteren Bahnhofstraße zum Bahnhof. Vor Abfahrt des Zuges sollte noch Zeit sein, sich in Brandenburgs ältester Kurstadt umzusehen.

Die Gebäude zeugen von der Bedeutung des ältesten Kurorts Brandenburgs

Falkenberg – Bad Freienwalde 4

Der „Teehäuschen" genannte Pavillon geht auf Königin Friederike Luise zurück, die bereits im 18. Jahrhundert Kurgast von Bad Freienwalde war

Als ältester Kurort Brandenburgs blickt **Bad Freienwalde** auf eine lange Badetradition zurück. Nachdem 1683 ein Apotheker die Heilkraft des Quellwassers entdeckt hatte, ließ Kurfürst Friedrich Wilhelm hier einen Kurbetrieb aufbauen, der noch heute vor allem für seine Moorbäder bekannt ist. In dem Zusammenhang wurde auch 1706 für Friedrich I. ein Lustschloss errichtet, dem ein Jahr später das von Langhans entworfene Logier- und Badehaus folgte. Das **Schloss** wurde 1799 durch einen frühklassizistischen Neubau von David Gilly ersetzt und durch ein hübsches **Teehäuschen** ergänzt. Später kamen viele betuchte Berliner zur Sommerfrische nach Bad Freienwalde, was sich an den hübschen Villen im historischen Kurviertel ablesen lässt. 1909 erwarb schließlich der Sozialdemokrat, Schriftsteller und spätere Außenminister der Weimarer Republik Walther Rathenau das Schloss samt von Lenné gestaltetem Schlossgarten und erholte sich hier, bis er 1922 in Berlin einem Attentat zum Opfer fiel. Heute erinnert eine Gedenkstätte im Schloss an ihn. Weitere Sehenswürdigkeiten der Stadt neben dem **Kurpark** sind die **Stadtkirche St. Nikolai** am dreieckigen Marktplatz mit der über 100-jährigen Kaisereiche und das spätklassizistische **Rathaus.** Gleich daneben führt das **Oderlandmuseum** in die Geschichte der Stadt und des Oderbruchs.

Britz – Chorin

5 Durch das Biosphärenreservat Schorfheide zum Kloster Chorin

Start	Ziel	Länge	Gehzeit
Bahnhof Britz	Bahnhof Chorin	12,5 km	3,5 Std.

Einfach und relativ schnell von Berlin aus zu erreichen, entführt diese Wanderung in ein besonders schönes Stück Natur – das Biosphärenreservat Schorfheide-Chorin, das zu den größten Naturschutzgebieten Deutschlands gehört. Moore, Kiefern- und Mischwälder wechseln sich ab mit sanft gewellten Wiesen und Feldern, dazwischen liegen idyllische Seen, die zum Baden einladen. Höhepunkt der Wanderung ist die Ruine des Zisterzienserklosters Chorin, das zu den schönsten Bauwerken Brandenburgs gehört. Als Meisterwerk der Frühgotik gibt es auch den Rahmen für zahlreiche Veranstaltungen ab. So kann der Ausflug gut mit einem Konzert des Choriner Musiksommers ausklingen.

Bei solch idyllischen Gewässern gehört im Sommer unbedingt Badezeug ins Gepäck

Britz – Chorin

Infos zur Tour

Hinfahrt
Bahnhof Britz
(RE3, stdl., ca. 45 Min. ab Berlin Hbf.)

Rückfahrt
Bahnhof Chorin
(RE3, stdl., ca. 50 Min. bis Berlin Hbf.)

Streckenverlauf
Britz – Neuehütte – Bachsee – Sandkrug – Kloster Chorin – Chorin

Streckencharakteristik
Landschaftlich abwechslungsreiche Tour, meist auf Wanderwegen und -pfaden, teils mit Hartbelag

Schwierigkeit
Einfache Wanderung mit leichten Steigungen

Für Kinder
Ja

Beschilderung
Lokale Ausschilderung, zuerst auch gelber, später grüner Balken bzw. gelber Punkt

Baden
Mehrere Badestellen am Bachsee, am Großen Heiligen See und am Amtssee

Besonderheiten
Im Kloster Chorin finden auch Veranstaltungen statt. Besonders beliebt sind die Konzerte des Choriner Musiksommers. Außerdem werden hier Märkte, Keramik- und Kräutertage organisiert. Informationen unter: www.kloster-chorin.org und www.choriner-musiksommer.de

Sehenswertes
Kloster Chorin
Amt Chorin 11a · 16230 Chorin ·
(03 33 66) 7 03 77 · www.kloster-chorin.org · Sommerzeit tgl. 9–18, Winterzeit tgl. 10–16 Uhr ·
6/erm. 3,50 €, Familien 13 €

Einkehren
Restaurant „Zum Amtssee"
Lockt mit großer Sonnenterrasse, viele vegetarische Gerichte.
Im Hotel Haus Chorin ·
Neue Klosterallee 10 · 16230 Chorin ·
(03 33 66) 5 00 · www.chorin.de ·
tgl. 18–22 Uhr

Alte Klosterschänke
Uriges Gasthaus beim Kloster, gehört zum Restaurant „Zum Amtsee".
Am Amt 9 · 16230 Chorin ·
(03 33 66) 53 01 00 ·
www.alteklosterschanke.de ·
Fr–So 11–18 Uhr

Seehotel Mühlenhaus
Gutbürgerliche Küche, mit schöner Terrasse und Badestelle (DZ ab 75 €).
Ragöser Mühle 1 · 16230 Chorin ·
(03 33 66) 5 23 60 · www.hotel-muehlenhaus.de · Restaurant Mo–Do 17–21.30, Fr–So 12–21.30 Uhr

Klostercafé
Hübsches Café, wird vom Ökodorf Brodowin mit Bioprodukten versorgt. Salate, Suppen, Eis, Kuchen und mehr. Nur für Besucher des Klosters.
Amt Chorin 11a · 16230 Chorin ·
(03 33 66) 6 00 22 ·
www.kloster-chorin.org ·
Apr.–Dez. 12–16, Sommer 10–18 Uhr

5 Britz – Chorin

km 0–4 Vom Bahnhof Britz nach Neuehütte

Am Bahnhof Britz läuft man, ohne die Gleise zu überqueren, über die Landstraße und auf der anderen Seite in die Choriner Straße, einen Sandweg, der parallel zu den Gleisen an Siedlungshäusern vorbeiführt und mit gelbem, zum Teil auch rotem Balken markiert ist. Bald geht es rechts in die Ragöser Straße und danach gleich wieder links in die Hans-Ammon-Straße, die aus dem Ort hinaus in den Wald führt. Erst wandert man rechts herum, dann folgt man links dem Wegweiser nach Neuehütte in einen lichten Kiefernwald. Vorbei an der forstökologischen Versuchsstation führt der Weg rechts weiter in Richtung der Siedlung (nicht dem Wegweiser nach Chorin folgen!), überquert einen kleinen Bach mit Sumpfgebiet drumherum und setzt sich in einem freundlichen Wiesental fort. Weiter geht es auf gelb markiertem Weg durch hohen Mischwald. Kurz vor der B 2 zweigt links ein Radweg in Richtung Kloster Chorin ab, der parallel zur Bundesstraße verläuft. Diesem folgt man bis zu einer Bushaltestelle, überquert dann die B 2 und läuft geradeaus weiter. Bald ist schon das Ortsschild von Neuehütte zu sehen.

km 4–5 Von Neuehütte zum Bachsee

Man läuft weiter geradeaus an ersten Häusern vorbei und über die Brücke über das Ragöser Fließ und folgt danach rechts den Schildern zum Bachsee. Sie führen erst links in Richtung Köhlerei und dann wieder links neben der Wegschranke auf kleinem Pfad in den Wald hinauf. Bald schimmert zwischen den Bäumen schon Wasser durch. Doch ist dies noch nicht der Bachsee. Zu ihm gelangt man erst, wenn man an der nächsten Kreuzung von mehreren Wegen dem mit gelbem Punkt markierten Rundweg Bachsee folgt, der bald darauf links zum Ufer führt. Jetzt ist der landschaftliche Höhepunkt der Tour erreicht. Idyllisch schmiegt sich das Gewässer in die Waldlandschaft. Mit Picknickplatz samt Badesteg lädt es dazu ein, hier eine längere Pause einzulegen und die Schönheit des Biosphärenreservats auf sich wirken zu lassen.

Mit 130 000 Hektar gehört das 1990 gegründete **UNESCO-Biosphärenreservat Schorfheide-Chorin** zu den größten Landschaftsschutzgebieten Deutschlands. Mehr als 200 Seen, Tausende von Mooren, ausgedehnte Wälder, Wiesen und Äcker wechseln in der während der Weichseleiszeit vor 15 000 Jahren entstandenen und

Britz – Chorin 5

5 Britz – Chorin

von Menschen geprägten Kulturlandschaft miteinander ab. Zugleich gehört der Landstrich zu den trockensten Gebieten Deutschlands. Charakteristisch sind viel Sonnenschein, relativ heiße Sommer und kalte Winter. In diesem Klima fühlen sich nicht nur jede Menge Biber, Fischotter und Fledermäuse besonders wohl. Heute brüten hier auch wieder See-, Fisch- und Schreiadler. Außerdem sind die Feuchtgebiete Lebensraum von Kranichen und Schwarzstörchen, Sumpfschildkröten, Kreuzottern und Rotbauchunken. Ansonsten sind die ausgedehnten Wälder der Schorfheide aufgrund ihrer guten Wildbestände, der Ruhe und Abgeschiedenheit seit mehr als 700 Jahren beliebtes Jagdgebiet. Jahrhundertelang machten Kurfürsten, Könige, Kaiser, Nazi-Größen wie Hermann Göring und die Polit-Prominenz der DDR, von Horst Sindermann über Günter Mittag bis Erich Honecker, Jagd auf Rot-, Reh-, Dam-, Schwarz- und Muffelwild. Was die Vegetation betrifft, sind hier mehr als tausend Pflanzenarten, darunter viele bedrohte wie Goldnesseln, die Sumpfschwertlilie oder die Sumpfcalla, zu Hause. Besonders markant sind die knorrigen Huteichen, die zum Teil bis zu 600 Jahre alt werden.

km 5–10 Vom Bachsee zum Kloster Chorin

Wenige Meter nach dem Rastplatz neben der Badestelle am Bachsee führt links ein Pfad in spitzem Winkel den Berg hinauf zu

Von Neuehütte aus ist bald der Bachsee erreicht

Britz – Chorin 5

Klein, aber schön anzusehen sind die Seen, die am Weg dieser Tour liegen

einem Waldweg, an dem man sich rechts hält. Nach etwa 1 Kilometer biegt man links in eine Pflasterstraße ein, die immer geradeaus zur B 2 führt. Diese queren und zum Seehotel Mühlenhaus am Stadtsee weiterlaufen, dort rechts einbiegen und dem mit grünem Punkt markierten Weg zum Großen Heiligen See folgen. Hier geht es eine Weile am südlichen Steilufer entlang und am nächsten Abzweig rechts steil den Berg hinauf zur Seestraße. Dieser folgt man links an einem Sportplatz vorbei in mehreren Kurven durch Sandkrug und biegt schließlich links in die Golzower Straße ein. Nach wenigen Metern zweigt rechts ein asphaltierter Weg ab, der an einem Bachtal entlang und an einer T-Kreuzung wieder rechts auf einen gepflasterten Weg führt. Dem Wegweiser nach Kloster Chorin folgend geht es noch einmal links, dann lugt schon zwischen Bäumen das rote Backsteingemäuer der Klosterruine hervor.

Das **Zisterzienserkloster Chorin,** ein Meisterwerk der Frühgotik, gehört zweifellos zu den schönsten Bauten Brandenburgs, auch wenn – oder gerade weil – es eine Ruine ist. Schon Fontane meinte, dadurch wirke es besonders romantisch. Als Haus- und Begräbniskloster der Askanier, der Markgrafen von Brandenburg, wurde es ab 1273 in rund 40 Jahren im typischen Stil der norddeutschen Backsteingotik erbaut. Zentrum der repräsentativen Anlage ist eine dreischiffige Gewölbebasilika mit Querschiff und

Chor, für die Kirchenbauten wie der Dom von Magdeburg Modell standen. Besonders reich ist die Gestaltung der Querhausgiebel und vor allem der hoch aufragenden Westfront, die in filigraner Ziegelbauweise gestaltet ist. Zwischen Kirche und Klausur wurde an der Westseite der sogenannte Fürstensaal für den Landesherrn eingefügt. Von der Klausur haben sich der Ost- und Westflügel mit dem Kreuzgang erhalten, außerdem ein Brüdersaal, die Küche, ein Pfortenhaus an der Westseite und das Brauhaus. Im Dreißigjährigen Krieg brannte das Kloster zum Teil aus, verfiel dann mehr und mehr, bis im 19. Jahrhundert Karl Friedrich Schinkel die malerische Ruine wiederentdeckte und dafür sorgte, dass sie als Denkmal von nationaler Bedeutung restauriert wurde. Nach weiteren Sanierungsarbeiten kann sie heute nicht nur besichtigt werden, sondern gibt auch die stimmungsvolle Kulisse für vielfältige Veranstaltungen wie Oster- und Weihnachtsmärkte, Kräuter- und Keramiktage sowie vor allem für die Konzerte des Choriner Musiksommers ab.

Vom Kloster zum Bahnhof Chorin

km 10–12,5

Nach der Besichtigung des Klosters läuft man hinter dem Gebäude zum Amtssee. Ein schmaler Pfad führt zu einer Badestelle hinunter und weiter am Seeufer entlang. Wer will, kann auf ihm den See auch ganz umrunden. Ansonsten geht es auf dem Weg oberhalb des Ufers weiter am Waldseehotel Frenz vorbei zum Hotel Haus Chorin mit der Immenstube. Vor dem Hotel führt die neue Klosterallee auf eine wenig befahrene Asphaltstraße. Von dort aus geht es links am Hüttenweg entlang in den beschaulichen Ort Chorin hinein. Alternativ kann man auch den Waldweg nehmen, der hinter dem Haus Chorin am Spielplatz beginnt. Dann an der Kreuzung rechts abbiegen und immer weiter geradeaus bis zur Asphaltstraße wandern. Am Ortseingang von Chorin folgt man dann den Wegweisern im Zickzack zum stattlichen historischen Bahnhof. Er wurde 2008 sorgsam restauriert und verfügt über einen Fahrradverleih. Im Sommer kann man sich hier bis zur Abfahrt des Zuges noch mit einem Kaffee stärken – sofern man das nicht schon im stilvollen Klostercafé getan hat, das von April bis Dezember mit seiner schönen Terrasse und Bioprodukten aus dem benachbarten Ökodorf Brodowin zum Verweilen im Klosterareal einlädt.

Chorin – Brodowin

Vom Kloster Chorin ins Ökodorf Brodowin 6

Start	Ziel	Länge	Gehzeit
Bahnhof Chorin	Bahnhof Chorin	14,5 km	3,5 Std.

Die Ruine des Zisterzienserklosters Chorin, ein Meisterwerk der Frühgotik, ist zusammen mit ihrer Umgebung so reizvoll und zudem so gut zu erreichen, dass es lohnt, mehrfach hierherzukommen oder länger zu verweilen. Zumal rund ums Kloster viele Wege ins Biosphärenreservat Schorfheide führen. Auf einem relativ kurzen und einfach zu begehenden Weg gelangt man ins Ökodorf Brodowin, das nicht nur größter Demeter-Betrieb Deutschlands, sondern auch eins der bedeutendsten Öko-Projekte Europas ist. Unterwegs bekommt man ausgedehnte Wälder, Felder, Seen und Kesselmoore zu sehen – und hat nachher genügend Zeit, um sich in der Klosterruine und im Dorf Chorin umzusehen.

Zweifellos eins der schönsten Bauwerke Brandenburgs: die Klosterruine Chorin

6 Chorin – Brodowin

Infos zur Tour

Hin- und Rückfahrt
Bahnhof Chorin
(RE3, stdl., ca. 55 Min. ab Berlin Hbf.)

Streckenverlauf
Bahnhof Chorin – Kloster Chorin – Brodowin – Bahnhof Chorin

Streckencharakteristik
Landschaftlich reizvolle Wanderung auf Wald- und Feldwegen

Schwierigkeit
Einfache Wanderung mit leichten Steigungen

Für Kinder
Ja

Beschilderung
Lokale Ausschilderung und E 11 mit blauem Querstrich, auf dem Rückweg roter Querstrich

Baden
Mehrere Badestellen am Amtssee und Weißen See

Besonderheiten
Die Wanderung lässt sich in beide Richtungen machen. Außerdem kann man sie verlängern, indem man von Brodowin aus noch in das 3 km entfernte Pehlitzwerder am Parsteiner See weiterläuft.

Sehenswertes
Kloster Chorin
Amt Chorin 11a · 16230 Chorin · (03 36 6) 7 03 77 · www.kloster-chorin.org · Sommerzeit tgl. 9–18, Winterzeit tgl. 10–16 Uhr

Einkehren
Restaurant „Zum Amtssee"
Lockt mit großer Sonnenterrasse, viele vegetarische Gerichte.
Im Hotel Haus Chorin · Neue Klosterallee 10 · 16230 Chorin · (03 33 66) 5 00 · www.chorin.de · tgl. 18–22 Uhr

Alte Klosterschänke
Uriges Gasthaus beim Kloster.
Am Amt 9 · 16230 Chorin · (03 33 66) 53 01 00 · www.alteklosterschanke.de · Fr–So 11–18 Uhr

Landgasthaus Schwarzer Adler
Die urige Gaststätte im Ökodorf bietet keine reine Bioküche, sondern eher traditionelle Hausmannskost zu fairen Preisen.
Dorfstr. 80 · 16320 Chorin (OT Brodowin) · (03 33 62) 7 12 40 · www.schwarzer-adler-brodowin.de · tgl. ab 11 Uhr

Hofladen
Guter Kaffee und leckere Speisen in Bio-Qualität mit Demeter-Produkten.
Brodowiner Dorfstr. 89 · 16230 Chorin/OT Brodowin · (03 33 62) 6 00 22 · www.brodowin.de · Apr.–Okt. tgl. 9–18, Nov.–März tgl. 10–17 Uhr, Hofführungen im Sommer Sa 11 Uhr

Klostercafé
Hübsches Café, wird vom Ökodorf Brodowin mit Bioprodukten versorgt. Nur für Besucher des Klosters.
Amt Chorin 11a · 16230 Chorin · (03 33 66) 6 00 22 · www.kloster-chorin.org · Apr.–Dez. 12–16, Sommer 10–18 Uhr

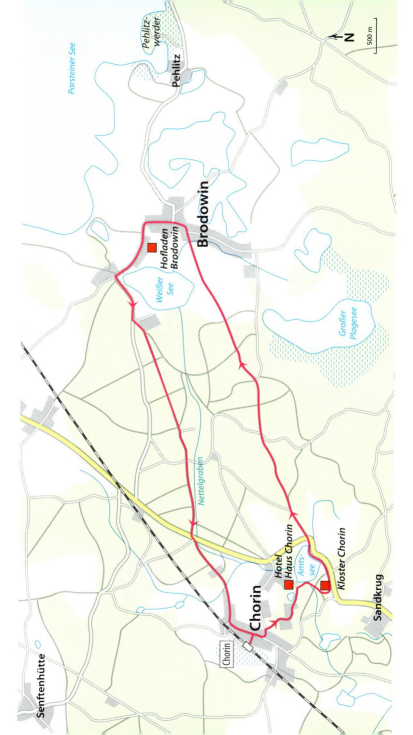

6 Chorin – Brodowin

km 0–2,5 | **Vom Bahnhof Chorin zum Kloster Chorin**

Am Bahnhof Chorin läuft man auf der Bahnhofstraße bis zur Choriner Dorfstraße, wo man rechts abbiegt, um kurz darauf wieder links in den Klostersteig einzubiegen. Dieser führt dann an der Landstraße rechts auf einen schönen Waldpfad und weiter zum Hotel Haus Chorin. Am Spielplatz des Hotels vorbei gelangt man zum Amtssee, wo rechts der Rundweg zum Kloster abzweigt. Hier besteht jetzt die Gelegenheit, das Meisterwerk der Frühgotik (▸ Tour 5, Seite 36) zu besichtigen und vielleicht auch eine kleine Stärkung im Klostercafé zu sich zu nehmen.

km 2,5–8,5 | **Vom Kloster Chorin nach Brodowin**

Vom Kloster kommend läuft man neben der B 2 am Amtssee entlang, bis nach ca. 500 Metern am Haus am Amtssee der blau markierte Wanderweg nach Brodowin abzweigt. Auf Kopfsteinpflaster führt er geradeaus durch schönen Mischwald mit Eichen und anderen Laubbäumen, links und rechts tun sich die Trichter mächtiger Kesselmoore mit der ihnen eigenen Flora und Fauna auf. Wenn sich der Wald lichtet, geht es auf einer reizvollen Weidenallee weiter, wo der Blick über weite Felder schweift. Bald sind auch die ersten Häuser von Brodowin zu sehen. Im Dorf angekommen hält man sich links und wandert auf der Brodowiner Dorfstraße weiter.

Wer sich ein Ökodorf irgendwie bunt und alternativ vorgestellt hat, sieht sich getäuscht. Sehr aufgeräumt und adrett wirkt das lang gestreckte Angerdorf **Brodowin** mit seinen meist einstöckigen Häusern. Das Einzige, was rund um den Landgasthof und die von Friedrich August Stüler entworfene neugotische Backsteinkirche auffällt, ist der sogenannte Bücherbaum, der Bücher zum (kostenlosen) Mitnehmen enthält. Das von niederländischen und deutschen Bauern gegründete Ökodorf zeigt, dass die Öko-Bewegung so gar nichts Unkonventionelles mehr an sich hat, vielmehr mitten in der Gesellschaft angekommen ist. Als Deutschlands größter Demeter-Betrieb und eines der größten Öko-Projekte Europas ist Brodowin auch in wirtschaftlicher Hinsicht ein Erfolgsmodell. Das lässt sich nicht zuletzt am Hofladen ablesen, der fast schon eine Anlaufstelle für Gourmets ist. Hier gibt es keineswegs nur den Brodowiner Mozzarella, den Roten Brodowiner Weichkäse, frische Ziegenmilch oder Rindersalami

Chorin – Brodowin 6

zu kaufen, sondern auch Bio-Weine aus Chile und Spezialitäten aus vielen anderen Ländern. Wer sich hier mit einem der köstlichen Snacks gestärkt hat, kann nebenan noch einen Blick durch die Glasfassade in die Schaumolkerei werfen, wo die schadstofffreie Milch zu Käse und Butter verarbeitet wird.

Von Brodowin nach Chorin
km 8,5–14,5

Auf der Brodowiner Dorfstraße durchquert man das Angerdorf, vorbei am Landgasthof und der Feldsteinkirche, bis die Straße am Ende links abbiegt. Ihr folgt man am Hofladen mit der Schaumolkerei vorbei bis zum Weißen See, wo es wieder links in Richtung Chorin und Golzow geht. Erst verläuft der rot markierte Wanderweg parallel zur Straße und zum Fahrradweg, dann führt er links mitten in den Wald. Die Abzweigung Teerofen lässt man links liegen und läuft weiter auf dem breiten Waldweg am Nettelgraben entlang, quert zwischendurch noch einmal die B 2 und erreicht schließlich Chorin. Jetzt geht es auf der Choriner Dorfstraße weiter durch den Ort, bis rechts die Bahnhofstraße abzweigt.

Anlaufstelle für Gourmets – der Hofladen von Brodowin

Buckow: Poetensteig

7 Tour in die Märkische Schweiz: Vom Poetensteig zur Pritzhagener Mühle

Start	**Ziel**	**Länge**	**Gehzeit**
Buckow Markt	Buckow Markt	10 km	3 Std.

Der Vergleich mit der Schweiz ist – im wahrsten Sinne des Wortes – ein bisschen hoch gegriffen. Doch gebirgig ist der Naturpark Märkische Schweiz für Brandenburger Verhältnisse schon und deshalb eine der klassischen Wanderregionen rund um Berlin. Dichte Wälder und Schluchten – die sogenannten Kehlen – wechseln sich ab mit Wiesen, Mooren und Bächen. Dazwischen liegt der eine oder andere verwunschene See. Einen guten Einblick gibt die kurze, aber durchaus abenteuerliche Wanderung auf dem Poetensteig zum Ausflugsrestaurant Pritzhagener Mühle. Nach dem Rückweg durchs romantische Stobbertal dürfte auch noch Zeit für eine Rundfahrt auf dem Schermützelsee sein.

Liebenswerter Ort mit gutem Blechkuchen: die Pritzhagener Mühle

Buckow: Poetensteig 7

7 Buckow: Poetensteig

Infos zur Tour

Hin- und Rückfahrt
Haltestelle Buckow Markt
(Bus 928, stdl. ab Bhf. Müncheberg, bis dahin RB26, Fahrzeit zwischen 65 und 100 Min., stdl. ab S-Bhf. Ostkreuz. In der Sommersaison: Sa/So/Fei historische Buckower Kleinbahn zwischen Müncheberg und Buckow)

Streckenverlauf
Buckow (Kultur- und Tourismusamt) – Poetensteig – Großer Tornowsee – Pritzhagener Mühle – Stobbertal – Buckow

Streckencharakteristik
Relativ kurze, aber abwechslungsreiche Wanderung durch hügelige Waldlandschaft mit mehreren Seen

Schwierigkeit
Mittelschwere Wanderung mit einigen Steigungen

Für Kinder
Ja

Beschilderung
Auf dem Hinweg grüner Punkt, auf dem Rückweg auf der Naturparkroute roter Punkt

Baden
Mehrere Badestellen sowie ein Strandbad am Schermützelsee und dem Großen Tornowsee

Besonderheiten
Aufgrund einiger steiler Waldwege ist gutes, rutschfestes Schuhwerk erforderlich. Im Sommer ist auch Mückenschutz zu empfehlen.

Information
Kultur- und Tourismusamt Märkische Schweiz
Hier gibt es allerlei Informationsmaterial, insbesondere Tipps für Wanderungen und zu Veranstaltungen wie dem Konzert- und Literatursommer.
Sebastian-Kneipp-Weg 1 ·
15377 Buckow · (03 34 33) 15 00 30 ·
www.maerkischeschweiz.eu ·
Apr.–Okt. Mo–Fr 10–12.30 und 13–16, Sa/So 10–12.30 und 13–17,
Nov.–März Mo–Fr 10–12.30 und 13–16, Sa/So 10–14 Uhr

Naturpark-Besucherzentrum Schweizer Haus
Das Besucherzentrum gibt interessante Einblicke in Flora, Fauna, Geschichte und Lebensbedingungen des Naturparks. Wegen Umgestaltung bis voraussichtlich Frühjahr 2021 geschlossen, bitte Website konsultieren!
Lindenstr. 33 · 15377 Buckow ·
(03 34 33) 1 58-41/-40 ·
www.maerkische-schweiz-naturpark.de

Sehenswertes
Brecht-Weigel-Haus
Die „Eiserne Villa", Bertolt Brechts Sommerresidenz am Schermützelsee, ist heute ein Museum. Hier findet auch der Buckower Literatursommer mit Ausstellungen, Lesungen und Konzerten statt.
Bertolt-Brecht-Str. 30 ·
15377 Buckow · (03 34 33) 4 67 ·
www.brechtweigelhaus.de ·
Apr.–Okt. Mi–Fr 13–17, Sa/So/Fei 13–18 Uhr, Nov.–März Mi–Fr 10–12 und 13–16, Sa/So 11–16 Uhr · 4/erm. 3 €

Buckow: Poetensteig

Eisenbahnmuseum
In dem liebenswerten Museumsbahnhof wird die Geschichte der Kleinbahn anhand von alten Postkarten, Fotos und vielen anderen Exponaten erzählt. Außerdem startet hier die Buckower Kleinbahn nach Waldsieversdorf und Müncheberg.
Bahnhofstr. 1 · 15377 Buckow ·
(03 34 33) 5 75 78 · www.buckower-kleinbahn.de · Mai–Anfang Okt. Sa/So/Fei 10.30–17 Uhr

Buckower Kleinbahn
Mai bis Anfang Oktober verkehrt die Buckower Kleinbahn mit historischen, elektrisch betriebenen Zügen (besonderer Fahrpreis) Sa/So/Fei jeweils ca. sieben Mal (10.20–12.20 und 14.50–17.50 Uhr) zwischen Müncheberg und Buckow – eine reizvolle Alternative zum Bus.
www.buckower-kleinbahn.de

Klassik im Grünen
Von Mai bis August wird der Schlosspark unter dem Motto „Klassik im Grünen" zur Bühne von Open-Air-Konzerten, die das Kultur- und Tourismusamt Märkische Schweiz veranstaltet.
(03 34 33) 15 00 30 ·
www.maerkischeschweiz.eu

Seetours
Von April bis Oktober werden von 10 bis 17 Uhr stündlich Rundfahrten mit den Ausflugsdampfern „Scherri" und „Seeperle" angeboten, darunter auch romantische Mondscheinfahrten.
Bertolt-Brecht-Str. 11 ·
15377 Buckow · (03 34 33) 2 32 ·
www.seetoursms.de

Einkehren

Buckower Köstlichkeiten
Guter Kaffee, Backwaren und kleine Speisen in Bioqualität.
Am Markt 8 · 15377 Buckow ·
(03 34 33) 15 60 12 ·
www.naturkontor-buckow.de ·
Mo–Do 9–18, Fr 9–20, Sa 9–16.30 Uhr

Café am Markt
Gemütliches Café am zentralen Marktplatz mit großer Kuchenauswahl, Eisspezialitäten und kleinen Speisen.
Am Markt 4 · 15377 Buckow ·
(03 34 33) 5 66 95 · Di–So 11–18 Uhr

Pritzhagener Mühle
In dem traditionsreichen Gartenlokal kann man sich Blechkuchen, Eis, allerlei Fischspezialitäten und sogar französischen Champagner schmecken lassen.
Lindenstr. 74 ·
15377 Buckow/OT Pritzhagen ·
(03 34 33) 8 44 ·
März–ca. Mitte Nov. Di–So 12–17 Uhr

Stobbermühle
In Sachen Kulinarik ist das romantische Gasthaus am Mühlbach das erste Haus am Platz. Es bietet gehobene regionale Küche, wobei die Zutaten nicht nur aus der hauseigenen Räucherei stammen, sondern auch aus dem Hummerbecken gefischt werden. Außerdem gibt es stilvolle Zimmer (DZ ab 75 €).
Wriezener Str. 2 · 15377 Buckow ·
(03 34 33) 6 68 33 ·
www.stobbermuehle.de ·
tgl. ab 12 Uhr

Buckow: Poetensteig

Buckow und die Märkische Schweiz

In der letzten Eiszeit vor rund 12 000 Jahren entstanden, ist der kleinste Naturpark Brandenburgs zugleich ein ideales Wandergebiet. Denn auf engstem Raum wechseln sich dicht bewaldete Hügel, Schluchten – die sogenannten Kehlen – und Steilhänge ab mit 20 kleineren oder größeren Seen, Tümpeln und Teichmooren. Mittendurch schlängelt sich der etwa 25 Kilometer lange Stobber mit seinem glasklaren Wasser. Fast die gesamte Naturparkfläche ist Europäisches Vogelschutzgebiet. Hier brüten über 140 Brutvogelarten wie Schwarz- und Weißstörche, Wespenbussarde, Seeadler oder Kraniche. Bis zu 40 000 Saat- und Blässgänse aus Nordeuropa rasten in dem Gebiet. Aber auch seltene Libellenarten – das Wappentier des Naturparks – sowie Fischarten wie Bitterling, Steinbeißer oder Schlammpeitzger sind hier zu Hause, außerdem zahlreiche seltene Orchideensorten. Besonders charakteristisch neben den zahlreichen Ulmen, Eichen und Hainbuchen sind die Rotbuchen, die auch **Buckow** – abgeleitet vom slawischen Wort „buk" für Rotbuche – seinen Namen gegeben haben. Der Hauptort der Märkischen Schweiz blickt bereits auf eine lange Tradition als Ausflugs- und Urlaubsort zurück. Nicht allein weil er zum Wandern einlädt. Sein Mikroklima soll auch der Gesundheit zuträglich sein. Bereits vom Leibarzt Friedrich Wilhelms IV. ist der viel zitierte Ausspruch „Majestät, in Buckow geht die Lunge

Der Anblick des Schermützelsees hat auch Bertolt Brecht inspiriert

auf Samt" überliefert. Bald darauf entwickelte sich mit der Einweihung der Buckower Kleinbahn im Jahr 1897 ein reger Ausflugsverkehr. 1927 schöpfte in Buckow unter anderen der „rasende Reporter" Egon Erwin Kisch neue Kraft und schwärmte in einer Ansichtskarte an seine Mutter von „Berg und See und Ruhe". In den 1950er-Jahren weilte wiederum Bertolt Brecht mit Helene Weigel häufig in seinem Sommerdomizil am Seeufer und ließ sich zu den Buckower Elegien inspirieren. Viele andere sind den prominenten Gästen gefolgt. Inzwischen ist Buckow staatlich anerkannter Kneippkurort, der nicht nur mit allerlei Gesundheitsangeboten, sondern auch Kulturveranstaltungen wie dem Literatursommer im Brecht-Weigel-Haus oder Open-Air-Konzerten im Schlosspark lockt.

Von Buckow zur Pritzhagener Mühle

km 0–5,5

Start der etwa dreistündigen Tour ist das Kultur- und Tourismusamt in Buckow ganz in der Nähe des Marktes, wo die Busse halten und sich auch ein kleiner Parkplatz befindet. Wer mit der Buckower Kleinbahn anreist, erreicht das Fachwerkhaus auf der Hauptstraße. Von hier läuft man durch den gepflegten Schlosspark, hält sich links und folgt den Hinweisschildern zur Wriezener Straße. Bald ist der Schermützelsee mit der Schiffsanlegestelle erreicht. Am Strandbad vorbei geht es über den Weinbergsweg zur Schule, wo ganz links der mit grünem Strich markierte Weg in den Wald hinein führt. Schon umfangen einen dichtes Grün und klare, samtige Waldluft. Wenn rechts der Poetensteig abzweigt, wird es sogar richtig gebirgig. Nach dem Moritzgrund lässt man die Wolfsschlucht rechts liegen, dann schwingt sich der teilweise mit Geländern gesicherte Pfad bis zum 95 Meter hohen Dachsberg hinauf. Hier lädt ein mit Bänken umstandenes Plateau dazu ein, die Aussicht auf den zugewucherten Kleinen Tornowsee zu genießen. Danach steigt man auf verschlungenen Pfaden zu den Tornowseen hinab. Man folgt den Wegweisern zum Haus Tornow am Großen Tornowsee, quert eine Fahrstraße und gelangt am Nordufer des Sees am Gästehaus und weiteren Häusern vorbei auf den Weg, der links zur Pritzhagener Mühle führt. Noch einmal ist rechts der Fischpass zu passieren, dann zweigt links an der Großen Eiche der Weg zu dem verträumten Gartenlokal ab, das Ziel der Wanderung ist.

7 Buckow: Poetensteig

Mitten im Garten, wo mitunter Gänse über den Rasen watscheln, lassen sich im Gasthaus **Pritzhagener Mühle** die Gäste Kaffee und Blechkuchen, außerdem allerlei Fischgerichte schmecken – wer will, kann sogar mit französischem Champagner auf die Wanderung anstoßen. Dabei ist das Lokal nach einer Mühle benannt, die selber gar nicht mehr existiert. Der Name stammt von dem Dorf Pritzhagen, zu dem auch das **Haus Tornow,** das oben erwähnte ehemalige Herrenhaus märkischer Adelsfamilien, gehört, das zu DDR-Zeiten als Kinderheim genutzt wurde und heute Gästehaus mit schöner Terrasse, Kiosk und Badestelle am Großen Tornowsee ist. Weitere Attraktion in der Nähe ist das **Fledermausmuseum** im Julianenhof, ein Projekt des NABU, mit Eiskeller. Bei einem Besuch kann man sich anhand von wechselnden Ausstellungen mit allerlei Sammelobjekten, zum Teil auch Führungen über die geheimnisvollen Tiere informieren (Aktuelle Öffnungszeiten bitte erfragen unter (03 34 37) 1 52 56 bzw. www.fledermausmuseum-julianenhof.de).

km 5,5–10 Von der Pritzhagener Mühle zurück nach Buckow

Zurück an der Großen Eiche läuft man zunächst rechts zurück zum Tornowsee, folgt dann aber, statt am Nordufer weiterzulaufen, den Wegweisern der mit rotem Punkt markierten Naturparkroute ins Stobbertal. Sie verläuft ein ganzes Stück vom Südufer entfernt durch den Wald und erreicht bald das Fließ, das sich seinen Weg zwischen Hügeln durch eine Eiszeitrinne bahnt. Manch entwurzelter Baum hat sich quer über das Wasser gelegt; es ist ein märchenhaftes kleines Stück Wildnis. Auf dem kurvenreichen Weg – der auch als „Kalorienpromenade" ausgeschildert ist – kommt man schließlich zur Güntherquelle. Unweit davon befindet sich eine Wassertretstelle, wo man sich die Füße erfrischen kann, ein Stück weiter steht das Naturpark-Besucherzentrum Schweizer Haus. Doch biegt man hier nicht ab, sondern läuft weiter auf dem Hopfenweg an Gartengrundstücken entlang durch offene Wiesenlandschaft mit Obstbäumen, bis schließlich wieder der Schermützelsee erreicht ist. Gleich gegenüber von der Wriezener Straße locken Strandbad und ein Bootsverleih, der sogar geräuschfreie Elektro-Solar-Boote vermietet. Alternativ dazu kann man mit dem alten Ausflugsdampfer „Scherri" eine Runde auf dem See drehen und anschließend das Brecht-Weigel-Haus besuchen.

Buckow: Große Rundtour

Die große Rundtour durch Brandenburgs Mini-Alpen 8

Start	Ziel	Länge	Gehzeit
Buckow Markt	Buckow Markt	20,5 km	6,5 Std.

Will man den Naturpark in seiner ganzen Vielfalt erleben, empfiehlt sich die klassische Naturparkroute, die vom Deutschen Wanderverband zertifiziert wurde. Auf gut markierten und ausgeschilderten Wegen führt sie von Buckow durch das romantische Stobbertal, durch tiefe Wälder und wilde Schluchten und an mehreren Badeseen vorbei zum Erholungsort Waldsieversdorf. Von dort geht es weiter zum Panoramaweg und um den Schermützelsee herum zurück nach Buckow. Zwischendurch laden idyllische Gartenlokale, Naturparkzentren und das Sommerdomizil des Begründers der politischen Fotomontage dazu ein, immer mal wieder innezuhalten und die Landschaft auf sich wirken zu lassen.

Eine kleine Wildnis – das Stobbertal mit seinem üppigen Grün

Buckow: Große Rundtour

Infos zur Tour

Hin- und Rückfahrt
Haltestelle Buckow Markt
(Bus 928, stdl. ab Bhf. Müncheberg, bis dahin RB26, ca. 1 Std. 10 Min., stdl. ab S-Bhf. Ostkreuz. In der Sommersaison: Sa/So/Fei historische Buckower Kleinbahn zwischen Müncheberg und Buckow)

Varianten
Die Tour kann mit der Wanderung auf dem Poetensteig (▶ Tour 7, Seite 48) verbunden werden. An der Pritzhagener Mühle treffen dann beide Wege zusammen.
Wer die Wanderung verkürzen will, kann von Waldsieversdorf direkt nach Buckow oder Müncheberg wandern.

Streckenverlauf
Buckow (Kultur- und Tourismusamt) – Pritzhagener Mühle – Drei Eichen – Waldsieversdorf – Panoramaweg Schermützelsee – Buckow

Streckencharakteristik
Lange, aber sehr abwechslungsreiche Wanderung durch hügelige Waldlandschaft, an mehreren Seen und anderen interessanten Stationen entlang

Schwierigkeit
Mittelschwere Wanderung mit einigen Steigungen

Für Kinder
Nur bedingt, bei entsprechendem Durchhaltevermögen

Beschilderung
Große Naturparkroute mit rotem Punkt auf weißem Grund

Baden
Mehrere Badestellen und Strandbäder am Großen Tornowsee, dem Großen Däbersee und Schermützelsee

Besonderheiten
Auf festes Schuhwerk achten, da an mehreren Stellen gerade bei nasser Witterung Rutschgefahr besteht. Im Sommer Mückenschutz mitnehmen.

Sehenswertes
John-Heartfield-Haus
Das original rekonstruierte Sommerhaus gibt Einblick in Leben und Werk von John Heartfield, dem Begründer der politischen Fotomontage.
Schwarzer Weg 12 · 15377 Waldsieversdorf · (01 60) 90 98 51 32 · www.heartfield.de · Sa/So 13–17 Uhr oder tel. Vereinbarung · Eintritt frei

Einkehren
Waldcafé Drei Eichen
Idyllisch gelegen beim Umweltzentrum Drei Eichen, lädt das Café zu Kaffee, Kuchen und herzhaftem Imbiss im Grünen ein.
Königstr. 52 · 15377 Buckow · (03 34 33) 2 01 · www.dreichen.de · Apr.– Anfang Okt. Sa/So/Fei 11–18 Uhr

Café Tilia
Kuchen, Eis und herzhafte Eintöpfe, direkt am Europaradweg R1.
Dahmsdorfer Str. 27 · 15377 Waldsieversdorf · (03 34 33) 15 53 77 · www.cafe-tilia.de · ganzjährig geöffnet, Kernöffnungszeiten tgl. 13–18 Uhr, Nov.–Apr. 14–17 Uhr

Weitere Tipps: ▶ **Tour 7, Seite 48**

Buckow: Große Rundtour 8

8 Buckow: Große Rundtour

km 0–4 **Von Buckow zur Pritzhagener Mühle**
Die Wanderung beginnt man am besten beim Kultur- und Tourismusamt Märkische Schweiz mit kleinem Kräutergarten am Sebastian-Kneipp-Weg 1 nahe dem Marktplatz, an dem der Bus hält. Bei der Touristinformation befindet sich auch ein kleiner Parkplatz. Wer mit der Buckower Kleinbahn anreist, läuft auf der Hauptstraße hierher. Von hier aus wandert man durch den Schlosspark – Relikt eines ursprünglich barocken, später von Schinkel überformten Schlosses, das hier bis 1948 stand und danach abgerissen wurde. Im Rechtsbogen geht es am Griepensee vorbei und danach rechts in die Lindenstraße. Vorbei am Naturpark-Besucherzentrum Schweizer Haus mit Wassertretstelle gelangt man zum Hopfenweg, an dem gleich gegenüber die Güntherquelle liegt. Hier hält man sich rechts und kurz darauf an der Weggabelung wieder rechts (Achtung: Nicht den Wanderweg E 11 nehmen!). Nun folgt man der Markierung der Naturparkroute durchs wildromantische Stobbertal. Der Pfad verläuft mal mehr, mal weniger nah an dem Fließ entlang, das sich auf der rechten Seite gemütlich seinen Weg durch die Waldlandschaft mit allerlei vermoortem Altholz bahnt, während sich zur Linken mit Eichen, Erlen, Hainbuchen und Eschen bewachsene Hügel hinaufziehen. Nach diversen Schlangenlinien verlässt der Weg den Bach und führt zum Großen Tornowsee, der zwischen dichtem Grün durchschimmert. Man lässt ihn aber links liegen, um weiter zur Pritzhagener Mühle zu laufen. Noch einmal geht es rechts über den Fischpass und dann gleich darauf an der Großen Eiche wieder links zu dem traditionsreichen Gartenlokal, an dem man eine erste Pause einlegen kann.

km 4–10,5 **Von der Pritzhagener Mühle nach Waldsieversdorf**
Zurück an der Großen Eiche läuft man nun dem Hinweisschild zum **Umweltbildungszentrum Drei Eichen** *folgend nach links und an der nächsten Weggabelung rechts auf einen breiten Fahrweg, um bald darauf zum Umweltbildungszentrum mit dem idyllischen Waldcafé zu gelangen. Kurz darauf mündet der Weg in eine Fahrradstraße, der man kurze Zeit folgt, um gleich wieder rechts auf einen Waldpfad abzubiegen. An der nächsten Kreuzung geht es links in den Alten Schulsteig, der wieder auf die Fahrradstraße führt. Ihr folgt man eine kurze Stecke, um bald darauf wieder links den markierten Weg in Richtung Waldsieversdorf zu nehmen. Nun wan-*

Buckow: Große Rundtour 8

dert man lange Zeit geradeaus an mehreren Abzweigungen und am Schwarzen See vorbei, der sich rechts inmitten von Wiesen- und Waldlandschaft versteckt, weiter zur Berliner Straße. Diese quert man, läuft weiter geradeaus und folgt den Wegweisern um den Krummen Pfuhl herum bis zur **Kleinbahnstrecke Waldsieversdorf – Buckow.** *Wer die Tour vorzeitig beenden will, kann von hier aus zum 3 Kilometer entfernten Bahnhof von Müncheberg laufen oder mit der Buckower Kleinbahn dorthin bzw. nach Buckow zurückfahren. Ansonsten wandert man ein kurzes Stück rechts neben den Bahngleisen entlang, bis links an einem Bach ein schmaler Pfad abzweigt, der um den Großen Däbersee herumführt. Wer will, kann einen etwa 300 Meter langen Abstecher zum John-Heartfield-Haus machen, das am Schwarzen Weg 12 liegt. Dazu muss man am Großen Däbersee rechts den Wegweisern folgen, die am Ostufer entlang zu dem kleinen Museum führen. Ein Stück weiter gelangt man auch zum Volksbad Waldsieversdorf und weiter ins Ortszentrum.*

Eingebettet in idyllische Waldlandschaft mit mehreren Seen ist **Waldsieversdorf** als Villenkolonie entstanden und heute staatlich anerkannter Erholungsort. Neben dem Kultur-, Ausstellungs- und Tourismuszentrum WaldKAuTZ in der Wilhelm-Pieck-Straße 23 gilt das Hauptinteresse der meisten Besucher dem

„Turmvilla" nannte John Heartfield sein bescheidenes Refugium

8 Buckow: Große Rundtour

John-Heartfield-Haus. In der „Turmvilla", einem bescheidenen Blockhaus mit hellblauen Fensterläden, hatte der Begründer der politischen Fotomontage von 1953 bis zu seinem Tod im Jahr 1968 seinen Sommersitz. Die Anregung dazu kam von Bertolt Brecht: „Du solltest dieses absurde Leipziger Klima endlich mit dem berühmt guten hier vertauschen. Wie ist es damit? Sollen wir uns in der Nähe Berlins umschauen? Wäre so was wie Buckow zu weit weg …?", hatte der Dichter ihm geschrieben. Daraufhin bezog Heartfield die Baracke im Blockhausstil, die nach und nach zum Kleinod wurde. Innen erinnern Originalobjekte und eine Ausstellung an den Künstler, der 1891 in Berlin-Schmargendorf geboren wurde und sich aus Protest gegen die antienglische Kriegspropaganda während des Ersten Weltkriegs seinen englischen Namen zulegte. Später wurde er zum ständigen Mitarbeiter einer Arbeiter-Illustrierten-Zeitung, für die er zahlreiche Fotomontagen anfertigte. 1938 floh er nach England, wo er sich als freischaffender Künstler etablierte. Nach dem Zweiten Weltkrieg ging er nach Leipzig, um als Buchillustrator und Bühnenbildner für Verlage und Theater zu arbeiten – und sich, wann er konnte, in der Märkischen Schweiz zu erholen.

Schermützelsee: Neben Schiffsrundfahrten lockt im Sommer das Strandbad

Buckow: Große Rundtour 8

Von Waldsieversdorf zum Schermützelsee

km 10,5–14,5

Die Naturparkroute setzt sich indessen am südlichen Ufer des Großen Däbersees fort. Ein schöner Blick eröffnet sich auf das Wasser, das von Bäumen mit zahlreichen Bibernagestellen gesäumt ist. An der Seestraße angekommen, geht es ein kleines Stück nach rechts und dann links zwischen See- und Gartengrundstücken auf der schmalen Himmelsleiter ins Ortszentrum hinauf. Oben markiert der imposante Wasserturm den höchsten Punkt des Orts. Ihm wandert man ein Stück auf der Kindermannstraße entgegen, um kurz darauf links auf der Sauerkirschenallee wieder den Berg hinunterzulaufen. Über die Wilhelm-Pieck-Straße hinweg gelangt man zum Friedhof, wo es rechts auf einen schönen Waldweg geht. Bald kommt man wieder zum Stobber und überquert ihn auf einer Brücke. Dann führt der Buckower Weg in weitem Bogen an einem Parkplatz mit Schutzhütten vorbei zur Berliner Straße. Wen die Kräfte verlassen, der kann hier an der Straße entlang nach Buckow zurücklaufen.

Vom Schermützelsee nach Buckow

km 14,5–20,5

Ansonsten überquert man die Straße und läuft auf der anderen Seite im Rechtsbogen an Wiesen vorbei wieder bergab in den Wald. Nun geht es links auf dem wunderschönen, zunächst kopfsteingepflasterten Panoramaweg weiter um den Schermützelsee herum. Allerdings muss man aufpassen, dass man nicht den schmalen Pfad verpasst, der bald darauf rechts abzweigt. Er führt in ziemlichem Auf und Ab, zum Teil auf steilen Treppen, zum Teil mit Geländern gesichert, durch die hügelige Kehlenlandschaft am westlichen Seeufer. Bei nassem Wetter gilt es aufzupassen, da hier Rutschgefahr besteht. Zwischendurch laden Bänke dazu ein, die schöne Aussicht auf das gegenüberliegende Buckow zu genießen. Schließlich kommt der Pfad unten am Ufer an einer Asphaltstraße an, der man ca. 70 Meter folgt. Dann geht es weiter an Siedlungshäusern, einigen Badestellen und der Schwarzen Kehle vorbei in Richtung Strandbad. Durch die Siedlung Am Wiesenhang und am Hotel-Restaurant Johst am See vorbei gelangt man zur Wriezener Straße und schließlich zum Weinbergsweg mit Parkplatz am Ortseingang von Buckow. Zur Touristinformation kann man von hier aus statt an der Straße entlang auch links durch den Schlosspark laufen.

9 Vom „Märkischen Meer" zur Binnendüne und nach Wendisch Rietz

Bad Saarow – Wendisch Rietz

Start	Ziel	Länge	Gehzeit
Bahnhof Bad Saarow	Bahnhof Wendisch Rietz	24 km	6,5 Std.

Eine besonders reizvolle, wenn auch nicht immer gut markierte und sehr lange Etappe des 66-Seen-Wanderwegs führt von Bad Saarow nach Wendisch Rietz. Am Weg liegt reichlich Wasser: neben dem Storkower See und dem Großen Kolpiner See der Scharmützelsee – das „Märkische Meer" mit Strandbädern und schönen Badestellen. Außerdem überrascht der Naturpark Dahme-Heideseen mit urwaldähnlichen Tongruben und Deutschlands größter Binnendüne. Während Bad Saarow und Wendisch Rietz mit ihrer guten touristischen Infrastruktur ideale Erholungsorte sind, taucht man in Storkow mit seiner alten Burg in die Zeit früherer Jahrhunderte ein.

Seen satt verspricht diese Etappe des 66-Seen-Wanderwegs

Bad Saarow – Wendisch Rietz

Infos zur Tour

Hinfahrt
Bahnhof Bad Saarow
(RB35, stdl. ab Bhf. Fürstenwalde, bis dahin RE1, ca. 65 Min. ab Berlin Hbf.)

Rückfahrt
Bahnhof Wendisch Rietz
(RB36, stdl. bis S-Bhf. Königs Wusterhausen, weiter mit RE2, ca. 1 Std. 30 Min. bis Berlin Hbf.)

Varianten
Die Wanderung lässt sich via Storkow verkürzen.
1. In Storkow enden: Auf der Reichenwalder Straße ca. 3 km ins Zentrum laufen oder mit dem Bus 435 (Mo–Fr stdl., Sa/So viermal tgl.) bis zum Bahnhof oder bis Fürstenwalde fahren.
2. In Storkow starten: Bis Wendisch Rietz sind es ca. 9 km. Von dort wahlweise mit dem Ausflugsdampfer (Apr.–Okt. tgl., sonst Sa/So) nach Bad Saarow.

Streckenverlauf
Bad Saarow – Neu Reichenwalde – Großer Kolpiner See – Reichenwalde – Binnendüne – Storkow (Wolfswinkel) – Dahmsdorf – Wendisch Rietz

Streckencharakteristik
Lange, aber sehr abwechslungsreiche Wanderung auf Waldwegen mit kurzen Abschnitten auf ruhigen Straßen

Schwierigkeit
Mittelschwere Wanderung mit leichten Steigungen

Für Kinder
Nein

Beschilderung
66-Seen-Wanderweg mit blauem Punkt, teilweise fehlende Markierung

Baden
Mehrere Badestellen und Strandbäder am Scharmützel-, Großen Kolpiner und Storkower See, außerdem Saarowtherme und Saunapark Wendisch Rietz

Besonderheiten
Streckenweise keine Einkehrmöglichkeiten. Genügend Proviant, außerdem im Sommer Mückenschutz und Badezeug mitnehmen.

Einkehren
Park-Café
Schöne alte Villa (in der sich auch das Theater am See befindet) mit Blick auf den Scharmützelsee.
Seestr. 22 · 15526 Bad Saarow ·
(03 36 31) 86 83 23 · www.restaurant-park-cafe.de · Di–So 12–22 Uhr

Kaffeerösterei Bad Saarow
Sehr große Auswahl, von Doppio Vanille bis MinzFrenchMocca. Auch Tee, heiße Schokolade, Strudelspezialitäten und belgische Waffeln.
Seestr. 2a · 15526 Bad Saarow ·
www.kaffeeroesterei-badsaarow.de ·
Mo–Sa 10–19, So 13–18 Uhr

Ateliercafé
Atelierhaus mit Gartenterrasse, Eisspezialitäten und Kuchen.
Hauptstr. 2 · 15864 Wendisch Rietz ·
(03 36 79) 7 52 68 ·
www.ateliercafe-scharmuetzelsee.de ·
Juni–Sep. Do–Mo 12–18, ab Ostern und bis Okt. nur Fr–So/Fei 12–18 Uhr

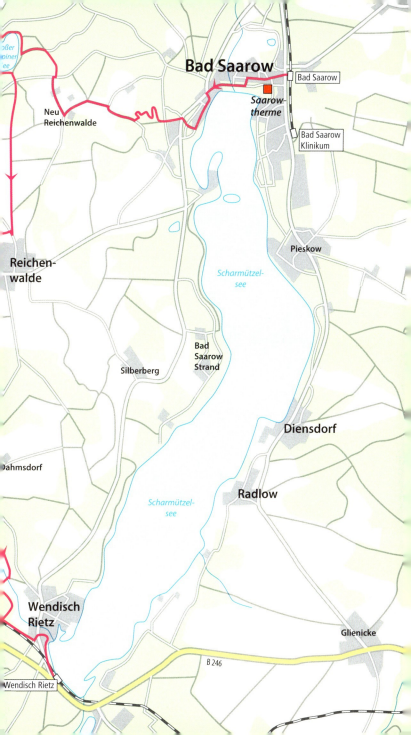

9 Bad Saarow – Wendisch Rietz

Das „Märkische Meer" ist beliebtes Revier der Freizeitkapitäne

Bad Saarow

Mit seiner idyllischen Lage am Scharmützelsee gehört **Bad Saarow** zu den beliebtesten Erholungsorten Brandenburgs. Schon vor 100 Jahren zog das „Märkische Meer" viele in seinen Bann. Als hier außerdem das heilkräftige Rasensteinmoor entdeckt und der Ort offizielles Moorbad wurde, kamen die ersten Kurgäste hierher und quartierten sich im Kurhaus Esplanade ein. Durch sie wurde manch betuchter Berliner auf die grüne Seenlandschaft aufmerksam. Schauspieler, Ufa-Stars, Politiker, Bankiers, unzählige Prominente ließen sich im Lauf der 1920er-Jahre in eleganten Sommervillen nieder, die nach und nach zu einer Landhauskolonie zusammenwuchsen. Damals entstanden das ovale **Eierhaus** des Fondsmaklers Paul Zeidler, das man noch in der Uferstraße 12 bestaunen kann, oder die **Sauer-Villa** am Karl-Marx-Damm, die der Saarower Architekt Emil Kopp für den Großindustriellen Paul Sauer errichtete. Wer immer am Bilderbuchbahnhof mit seinen Kolonnaden ankam, ließ die Sorgen der Metropole hinter sich und gab sich mondänen Vergnügungen, Bootspartien, Segelregatten oder Turnieren auf dem 1930 eröffneten Golfplatz hin. Auch

Bad Saarow – Wendisch Rietz **9**

Boxlegende Max Schmeling übte hier den Abschlag, bevor er 1933 in der Dorfkirche die tschechische Schauspielerin Anny Ondra heiratete. Ganz andere Zeiten zogen mit der Sowjetarmee auf, die nach 1945 den Kurpark besetzte und zur Sperrzone erklärte. Inzwischen knüpft der Ort mit der **Saarowtherme** an die alten Zeiten an und lädt mit allerlei Wellnesshotels, Ausflugsdampfern, Lokalen, dem Theater am See und seinem schönen Kurpark auch zu längeren Aufenthalten ein.

Vom Bahnhof Bad Saarow nach Reichenwalde

km 0–10,5

Am Bahnhof überquert man den Bahnhofsvorplatz und läuft gegenüber in die Seestraße mit stattlichen Villen, bis links eine Treppe zum Seeufer mit seinem idyllischen Schilfgürtel führt. Hier, an der Ludwig-Lesser-Promenade – benannt nach dem Gartenarchitekten, der Bad Saarow nachhaltig geprägt hat –, hält man sich rechts und läuft durch Grünanlagen am Wasser entlang, vorbei am Seebad, allerlei Biergärten und dem Hafen. Beim Fontanepark biegt man rechts ab, wandert auf der Parkstraße vom Seeufer weg über die Silberberger Straße hinweg und weiter links in Richtung Wald. Auf einer Holzbrücke überquert man einen kleinen Bach, danach eine nicht asphaltierte Straße und gelangt auf der anderen Seite auf einem schmalen, kaum sichtbaren Pfad hinunter in die von dichtem Wald überwucherten **Tongruben.** *Riesige Krater tun sich hier auf, das Gelände ist eine richtige kleine Wildnis. An der ersten Weggabelung hält man sich links und muss gut aufpassen, um den abzweigenden (links mit blauem Punkt markierten!) Pfad nicht zu verpassen, der rechts steil den Hügel hinaufführt. Jetzt geht es auf dem Rundweg Tongruben durch die von tiefen Einschnitten durchsetzte Waldlandschaft. Dem blauen Punkt folgend hält man sich an der T-Kreuzung links, gleich darauf wieder links am Waldrand, bis rechts der Marienhöher Weg nach Neu Reichenwalde führt. Ein Stück weiter rechts liegt der Ökohof Marienhöhe, der bereits 1928 von dem Rudolf-Steiner-Schüler Erhard Bartsch begründet wurde. An ihm vorbei geht es auf asphaltierter, ruhiger Straße durch die Siedlung, bis an der Kreuzung rechts die Kieferstraße abzweigt. Dieser folgt man bis zum Ortsausgang, wo sich der Wanderweg hinter einer Schranke auf dem geradeaus führenden Waldweg fortsetzt.*

9 Bad Saarow – Wendisch Rietz

Zu beiden Seiten stehen hohe Kiefern Spalier. An der nächsten Weggabelung folgt man rechts dem blauen Punkt zum Ufer des **Großen Kolpiner Sees,** *an dem bald die erste idyllische Badestelle auftaucht. Nun wandert man rechts am Wasser entlang, am Zeltplatz mit der Gaststätte Waldschänke vorbei und hinter einer Schranke am Seeufer weiter. Mehrere Badestellen liegen links am Weg, eine romantischer als die andere, zum Teil auch mit kleinen Liegewiesen. Statt den Wegweisern nach Kolpin zu folgen, wo ein Stück des 66-Seen-Wegs auf der Landstraße verläuft, bleibt man lieber in Ufernähe, umgeht ein Grundstück und gelangt wieder am Wasser zu einem zweiten Zeltplatz. Dahinter zweigt rechts der Weg nach Reichenwalde ab. An einer Wegkreuzung angekommen, läuft man weiter durch die mit gelbem Punkt markierte Straße Am Forst, die an Müllcontainern vorbei durch Wiesen und Felder zum ca. 2,3 Kilometer entfernten* **Reichenwalde** *führt. Bald sind über einen Sandweg die ersten Häuser mit Gärten erreicht.*

Wer sich das beschauliche **Reichenwalde** mit seiner hübschen Feldsteinkirche aus dem 13. Jahrhundert ansehen möchte, muss noch etwa 2 Kilometer an Feldern entlang ins Dorfzentrum weiterlaufen.

Von Reichenwalde nach Storkow

km 10,5–15

Ansonsten wandert man am Ortseingang an der Kolpiner Straße rechts und gleich wieder links über die Straße in einen etwas versteckten, aber wieder mit „Hirschluch" und „Binnendüne" ausgeschilderten Wiesenweg aus dem Ort hinaus. Bald geht es wieder durch lichten Kiefernwald, ca. 2,5 Kilometer immer geradeaus in Richtung Hirschluch, bis man eine Schranke erreicht. Hier führt nun rechts ein Sandweg weiter. In Hirschluch angekommen geht man an der rechts liegenden Jugend- und Begegnungsstätte vorbei, überquert anschließend die asphaltierte Straße, um auf der anderen Seite einen kaum sichtbaren, aber markierten Weg in Richtung Binnendüne zu nehmen. Jetzt muss man aufpassen, dass man in der hügeligen Kiefernheide den blauen Punkt nicht verliert, der zur **Binnendüne** *in den Waltersbergen weist. Schließlich führt rechts eine Treppe mit großen Holzstufen auf die rund 36 Meter hohe Sanddüne hinauf, von der man einen schönen Blick bis zum Storkower See hat. Sie soll vor 8 000 bis 10 000 Jahren während der Weich-*

Bad Saarow – Wendisch Rietz

Geschichtsträchtig: der restaurierte Markt von Storkow

*seleiszeit entstanden sein, als beim Schmelzen des Eises Bodenpartikel vom Wind weggetragen wurden. Die dabei entstandenen Dünen sind auch noch weitergewandert und heute von seltenen Steppenpflanzen bewachsen. Wieder zurück am unteren Ende der Treppe folgt man der Markierung nach rechts und läuft an eingezäunten Grundstücken vorbei, bis es links zur Reichenwalder Straße geht. Wer die Wanderung vorzeitig beenden oder sich das Städtchen ansehen will, gelangt nun rechts zu Fuß oder per Bus ins ca. 3 Kilometer entfernte Zentrum von **Storkow.** Vorbei am Strandbad erreicht man die Burgstraße, überquert sie, biegt links in die Heinrich-Heine-Straße ein und kommt so zum Markt. Die Burg liegt linker Hand, geradeaus weiter gelangt man über die Ernst-Thälmann-Straße und die links abzweigende Bahnhofsallee zum Bahnhof.*

Wesentlich geschichtsträchtiger als Bad Saarow ist die Nachbarstadt **Storkow,** wo archäologische Funde bis auf das Jahr 1141 verweisen. Aus dieser Zeit stammt die **Burg,** eine mittelalterliche, von einem Wassergraben umgebene Wehranlage, die im 16. Jahrhundert zum Schloss im Renaissancestil ausgebaut wurde. In ihrem Verlies soll 1538 Stefan Meiße, Mitkämpfer von Hans Kohlhase, der als Kleists Romanfigur Michael Kohlhas bekannt geworden ist, zu Tode gefoltert worden sein. Im Lauf der Jahrhunderte fiel die Burg jedoch mehrmals Bränden zum Opfer.

Das verspielte Schloss Hubertushöhe

Inzwischen ist das Ensemble vorbildlich saniert und beherbergt neben Burgcafé, Bibliothek und Touristinformation auch das **Besucherzentrum des Naturparks Dahme-Heideseen** mit der Erlebnisausstellung „Mensch und Natur – Eine Zeitreise". Hier ist einiges über die Landschaft des Naturparks mit seinen Dünen und sandigen Kiefernwäldern zu erfahren, dessen Wappentier der Walker, ein seltener, mit dem Maikäfer verwandter Blatthornkäfer ist. Auch der **Markt** wurde neu gestaltet und ist mit seiner alten Friedenseiche schöner Anziehungspunkt in der Altstadt. Hier schenkt ein sympathischer Welt-Laden inmitten von Büchern, Kunsthandwerk und anderen Waren frischen Kaffee aus. Nördlich davon ragt der 36 Meter hohe Turm der aus dem 14. Jahrhundert stammenden Storkower **Marienkirche** empor. Sehenswert sind außerdem die Zugbrücke über den **Storkower Kanal,** von der man auf die neu errichtete Schleuse blickt, sowie die alte Dampfmaschine am Mühlenfließ, die die Stadt einst mit Elektrizität versorgte. 3,5 Kilometer südöstlich vom Stadtzentrum liegt am Storkower See das **Jagdschloss Hubertushöhe,** ein verspieltes Gebäudeensemble, das der Kommerzienrat von Büxenstein um 1900 erbauen ließ. Noch immer harrt es seiner künftigen Bestimmung als Literatur- und Kunstort.

Von Storkow nach Wendisch Rietz

km 15–24

Um dem 66-Seen-Wanderweg zu folgen, überquert man die Reichenwalder Straße und gelangt auf der anderen Seite in die Straße Wolfswinkel. Alternativ kann man ca. 200 Meter weiter rechts (stadteinwärts) den idyllischen Knüppelweg nehmen, der zu einer schönen Badestelle führt. Dann muss man sich hinter den Ferienhäusern links halten, um wieder auf den Hauptweg zu gelangen. Auf ihm geht es nun neben dem asphaltierten Fahrradweg immer geradeaus durch den schönen Mischwald in Richtung Dahmsdorf/Wendisch Rietz. Vorbei an einem Campingplatz erreicht man das stille Rundlingsdorf **Dahmsdorf**. *Mit der* **St.-Thomas-Kirche** *hat hier einer der ältesten Sakralbauten Brandenburgs die Zeit überdauert. Im Inneren der Wehrkirche aus dem 13./14. Jahrhundert haben sich ein Reliquienschrein und Malereien aus vorreformatorischer Zeit erhalten. Hinter dem Gebäude biegt man rechts ab und läuft im spitzen Winkel wieder in Richtung Wald. Bald ist der Storkower See in Sicht. Am Ufer hält man sich links und läuft – mal mehr, mal weniger nah – am Wasser entlang bis zur 1,5 Kilometer entfernten Schafbrücke. Sie überquert den Kanal, der den Storkower See mit dem Scharmützelsee verbindet. Wer direkt nach Wendisch-Rietz möchte, biegt hier links ab und läuft an der Straße rechts und danach wieder rechts ins ca. 2 Kilometer entfernte Ortszentrum. Ansonsten geht es gleich hinter der Brücke links auf schmalem Pfad durch ein besonders idyllisches Stück Waldlandschaft. Geradezu märchenhaft wirkt die sumpfige Gegend um den „Karpfenteich" genannten Tümpel, in dem sich die Bäume spiegeln. An ihm vorbei wandert man weiter, bis sich der Wald an Bahngleisen lichtet. Jetzt gilt es aufzupassen, dass man nicht den Pfad verpasst, der in spitzem Winkel links an den Gleisen entlang in Richtung Ortszentrum verläuft. Bei den ersten Häusern zweigt der Schwarze Weg links in den Ort ab. Hier quert man die Hauptstraße und läuft geradeaus weiter auf der Straße Am Kanal, die rechts zum Kanal und zum Ufer des Scharmützelsees führt. Am Wasser entlang kommt man schließlich links zum Bahnübergang und über diesen hinweg zum Bahnhof. Wer sich im Ort umsehen will, wandert, statt die Straße Am Kanal zu nehmen, auf der Hauptstraße links ins Zentrum weiter.*

Weniger mondän als Bad Saarow ist auch **Wendisch Rietz** am südlichen Ende des Scharmützelsees beliebter Erholungsort. Dazu tragen neben der Seepromenade ein großes Angebot an Beherbergungsbetrieben, Wassersportmöglichkeiten sowie der Satama Saunapark bei, dessen Angebot sich ständig erweitert. Während Ausflugsdampfer zu Rundfahrten auf dem Scharmützelsee einladen, lässt sich mit dem Fahrrad auch der Naturpark Dahme-Heideseen mit seinen mehr als 100 Seen und endlosen Wäldern erkunden. Besonders lohnend ist ein Abstecher zum benachbarten **Großen Glubigsee** mit hervorragender Wasserqualität.

10 Von Mühle zu Mühle durchs Schlaubetal

Bremsdorfer Mühle – Müllrose

Start	Ziel	Länge	Gehzeit
Bremsdorfer Mühle oder Bhf. Mixdorf	Bahnhof Müllrose	19 bzw. 12,5 km	5,5 bzw. 4 Std.

Die Anfahrt ist etwas lang, aber sie lohnt. Denn der Schlaubetalwanderweg ist eine der schönsten Routen in ganz Brandenburg. Sie führt mitten durch das wildromantische Bachtal, in dem sich die Schlaube ihren Weg durch Hügel, Schluchten, dichte Eichenwälder und Erlenbrüche bahnt. Zwischendurch markieren Mühlen und ein Forsthaus die einzelnen Etappen und laden zur Rast ein. Schließlich erreicht man das 700 Jahre alte Ackerbürgerstädtchen Müllrose am Großen Müllroser See, wo man auf der Seepromenade flanieren und an mehreren Stellen auch ins Wasser springen kann. Wem die Anreise zur Bremsdorfer Mühle zu umständlich ist, kann von Mixdorf aus zu einer etwas kürzeren Wanderung starten.

Wie Perlen an einer Kette reihen sich die idyllischen Seen des Schlaubetals aneinander

Bremsdorfer Mühle – Müllrose **10**

Infos zur Tour

Hinfahrt
Variante 1: Bremsdorfer Mühle
Sa/So/Fei Bus 400 ab Bhf. Jacobsdorf
(Sa nur 11.05, So auch 9.05 Uhr), bis
dahin RE1, ca. 2 Std. ab Berlin Hbf;
wochentags Bus 400 ab Bhf. Grunow,
bis dahin RB36 ab Frankfurt/Oder, bis
dahin RE1, ca. 2 Std. 10 Min. ab Berlin
Hbf.

Variante 2: Bahnhof Mixdorf
RB36 ab Frankfurt/Oder stdl., bis dahin
RE1, ca. 1 Std. 45 Min. ab Berlin Hbf.

Rückfahrt
Bahnhof Müllrose (RB36, stdl. bis
Frankfurt/Oder, weiter mit RE1,
ca. 1 Std. 35 Min. bis Berlin Hbf.)

Varianten
Mai–Anfang Okt. Sa/So/Fei verbindet
ein Ausflugsbus (400) Müllrose mit
den einzelnen Etappen, sodass man
die Wanderung früher beenden kann.

Streckenverlauf
Bremsdorfer Mühle – Forsthaus Siehdichum – Kupferhammer – (Bahnhof
Mixdorf –) Ragower Mühle – Bahnhof
Müllrose

Streckencharakteristik
Landschaftlich reizvolle Tour auf
Waldwegen bzw. -pfaden, kurze Abschnitte auf ruhigen Straßen

Schwierigkeit
Einfache Wanderung mit ganz geringen Steigungen

Für Kinder
Ja, bei gutem Durchhaltevermögen

Beschilderung
Schlaubetalwanderweg (blaues S),
außerdem erst gelber, dann blauer
Balken

Baden
Badestellen und ein Freibad am Großen
Müllroser See

Besonderheiten
Mückenschutz nicht vergessen!

Einkehren
Forsthaus Siehdichum
Gutbürgerliche Küche, auch Fisch- und
Wildspezialitäten. Terrasse im Grünen.
(Mit Pension: EZ ab 60 €, DZ ab 80 €)
Siehdichum 2 · 15890 Siehdichum ·
(03 36 55) 2 10 · www.forsthaussiehdichum1.de · tgl. ab 11.30 Uhr,
Jan./Feb. nur Sa/So

Kupferhammer
Schön gelegen am Wasser, kann mit
seiner gutbürgerlichen Küche nicht
ganz mit den anderen beiden Gasthäusern mithalten.
Kupferhammerweg 1 · 15299 Mixdorf ·
(03 36 55) 7 28 · www.gaststaettekupferhammer.de · tgl. 11–18 Uhr, im
Winter nur Sa/So geöffnet

Ragower Mühle
Das historische Mühlengebäude mit
schönem Biergarten bietet sehr gute
Fischspezialitäten an. Auf Wunsch
Führung durch die Mühle.
Ragower Mühle · 15890 Schernsdorf ·
(03 36 55) 7 21 ·
www.ragowermuehle.de ·
Apr.–Okt. Mi–So 10–18,
Nov.–März Sa/So 10–18 Uhr

10 Bremsdorfer Mühle – Müllrose

Das Schlaubetal

Wildromantisch ist das **Schlaubetal** im Osten Brandenburgs, wo sich die Schlaube ihren Weg durch Erlenbrüche, Eichen-, Buchen- und Kiefernwälder bahnt und dabei immer wieder zu kleineren oder größeren Seen erweitert. Nicht nur das Wasser, das zwischen dichtem Grün hindurchschimmert, macht den Reiz des Naturparks aus. Hier sind auch an die 1 100 Pflanzenarten, darunter 13 Orchideensorten und der exotische Korallenwurz, zu Hause, außerdem seltene Tiere wie Ringelnattern, Smaragdeidechsen, Hochmoor-Perlmutterfalter oder der Eisvogel, dessen blaues Gefieder am ehesten im Winter zwischen den kahlen Bäumen zu sehen ist. Die Entstehung des Tals geht auf die Eiszeit vor ca. 90 000 Jahren zurück. Damals bildeten sich aus Schmelzwasserrinnen die Flüsschen Schlaube, Ölse und Demnitz. Mehr als zwei Drittel des Bachtals sind von Wäldern bedeckt. Weiteres Wahrzeichen sind die Mühlen, die vom 15. Jahrhundert an der Mehl- und Ölgewinnung dienten. Drehen tun sich heute nur noch wenige Mühlräder. Dafür sind aus den alten Gemäuern zünftige Gasthäuser geworden, die mit Fisch- und Wildspezialitäten locken. Zum Beispiel die **Bremsdorfer Mühle,** die am Startpunkt der Tour steht. Hier klappert auch noch ein Mühlenrad, das auf eine Mahlmühle aus dem 16. Jahrhundert zurückgeht. Das heutige Fachwerkgebäude stammt allerdings aus dem 18. Jahrhundert. Bis 1950 wurde hier gemahlen, danach noch Energie erzeugt, 1960 der Betrieb aber stillgelegt und aus der Mühle eine Gaststätte. Gleich nebenan lädt eine Jugendherberge, zu der auch die ehemalige Pensionsvilla gehört, zu idyllischen Aufenthalten ein.

Variante 1: Bremsdorfer Mühle – Müllrose

km 0–6,5

Von der Bremsdorfer Mühle zum Forsthaus Siehdichum

Die Wanderung beginnt an der Bremsdorfer Mühle an der B 246. Auf der gegenüberliegenden Seite von der Bundesstraße, wo sich auch eine Bushaltestelle befindet, weist ein mit gelbem Balken markiertes Schild den Weg nach Siehdichum in Richtung Wald. Erst geht es am Waldrand entlang, dann links und im leichten Rechtsbogen und wieder links an einer Schutzhütte vorbei zum Ufer des Großen Treppelsees. Bald schimmert das Wasser auf, das von

10 Bremsdorfer Mühle – Müllrose

In der einstigen Mühle lädt heute ein zünftiges Gasthaus zur Rast ein

Buchen, Eichen, Erlen und anderen Laubbäumen gesäumt ist. Hin und wieder breitet sich jenseits des Wegs auch sumpfiges Gelände aus, Bänke laden zur Rast mit Blick aufs Wasser ein. Nach ca. 2 Kilometern führt der Weg rechts vom See weg und kurz darauf links auf eine Waldstraße. Danach geht es wieder links an einer Schutzhütte vorbei und über ein Stück Kopfsteinpflaster in Richtung Wasser. Immer dem blauen S und der gelben Markierung folgend erreicht man nach weiteren 2,5 Kilometern entlang des Hammersees eine Fahrradstraße und zweigt kurz darauf links zum Forsthaus Siehdichum ab, das idyllisch inmitten von dichtem Grün erhöht über dem See liegt.

Der Name **Siehdichum** wurde erstmals um 1780 erwähnt – ein Schild an einem Jagdhaus soll offensichtlich dazu ermahnt haben, sich in der Sumpf- und Moorlandschaft umzusehen, um keinen falschen Schritt zu tun. Ursprünglich hatte Gabriel Dubau, der Abt des Klosters Neuzelle, hier 1746 den Jagdsitz errichtet. Auch das heutige, 1912 erbaute Forsthaus liegt idyllisch zwischen dem Hammersee und dem Kleinen Schinkensee. Nachdem der königliche Forstmeister Wilhelm Reuter hier um 1870 eine völlig neue Forstkultur eingeführt hatte, stehen auch heute noch exotische Bäume wie Roteichen und Douglasien, die er von Reisen nach Nordamerika mitgebracht hatte – ebenso wie die 27 Meter hohe

Schwarznuss mit einem Umfang von 3,75 Metern. Der Oberförster ließ nach dem Tod seiner Frau Marie 1891 auch den benachbarten Försterfriedhof anlegen. Zu DDR-Zeiten war das Gelände nur Mitarbeitern der Staatssicherheit zugänglich. Nach der Wende erhielt das Stift Neuzelle 1999 sein Eigentum zurück. Seit 2011 wird das Hotel privat geführt.

Vom Forsthaus Siehdichum zum Kupferhammer

km 6,5–9,5

Statt dem Hinweisschild zum Rundweg Siehdichum zu folgen, läuft man hier rechts zurück zum Schlaubetalwanderweg, der von nun an vorwiegend mit blauem Balken und wie zuvor durchgehend mit dem blauen S markiert ist. Erst auf breitem Waldweg, dann auf schmalem Pfad geht es am Schinken- und dem Langesee entlang; rechts und links versetzen einen umgefallene Bäume, Moor und mit Entengrütze überzogene Tümpel in eine kleine Wildnis, bis nach ca. 3 Kilometern links die weiß-blaue Fassade des Kupferhammers mit Gartenterrasse an der Schlaube durch die Bäume schimmert.

Das Gasthaus **Kupferhammer** befindet sich in einem ehemaligen Herrenhaus. Der Kupferschmied Ott aus Beeskow errichtete es 1553 am Unterlauf der Schlaube zusammen mit einem Kupferhammer, um hier Altkupfer einzuschmelzen und weiterzuverarbeiten. Später wurden hier mithilfe eines Hammerwerks auch Eisenteile geformt und der Eisenhammer um eine Mühle erweitert.

Wo die Natur sich selbst überlassen bleibt: Sumpfgebiet im Schlaubetal

10 Bremsdorfer Mühle – Müllrose

Im 19. Jahrhundert kam auch noch eine Tuchfabrikation hinzu. Bis 1950 wurde hier noch Strom erzeugt, seitdem fungiert das Gebäude nur noch als Gaststätte. Wer die Wanderung vorzeitig beenden will, läuft vom Gasthaus aus weiter auf der Straße zum ca. 3 Kilometer entfernten Bahnhof von Mixdorf, um von dort mit dem Zug zurückzufahren.

km	
0–3	**Variante 2: Start in Mixdorf**

Wer die Wanderung in Mixdorf beginnt, läuft vom Bahnhof aus auf der Bahnhofstraße ins Ortszentrum von Mixdorf, quert dort die Hauptstraße (L 435), läuft weiter auf der Neuen Straße und folgt ihr im Linksbogen in den Kupferhammerweg, der schließlich rechts zum Kupferhammer führt.

km	
9,5–12	**Vom Kupferhammer zur Ragower Mühle**

Läuft man vom Gasthaus auf dem Kupferhammerweg in Richtung Mixdorf, zweigt in der nächsten Kurve der Wanderweg zur Ragower Mühle ab. Nun ändert sich das Bild. Es geht leicht bergauf auf sandigem Boden zwischen Kiefern hindurch und weiter auf breitem Waldweg, zwischendurch im Linksbogen an einem Rastplatz vorbei und durch lichten Wald, bis das Hinweisschild rechts zur Ragower Mühle weist.

Die **Ragower Mühle** ist die einzige Mühle im Schlaubetal, bei der sich die alte Mühlentechnik erhalten hat. Um 1670 als Getreidemühle erbaut, wurde die Schlaube wahrscheinlich extra verlegt, um das Wasser in den heute schön anzusehenden Mühlenteich zu leiten. Sie diente hauptsächlich als Schneidemühle für Holz, wobei die heutige Mühle 1872 mit verbesserter Mühlentechnik neu errichtet, aber 1968 stillgelegt wurde. Heute ist hier nicht nur eine empfehlenswerte Gaststätte mit schönem Biergarten untergekommen. Als technisches Denkmal mit kleinem, liebevoll angelegtem Mühlenmuseum lädt Familie Börner auch zur Besichtigung mit oder ohne Führung ein.

Bremsdorfer Mühle – Müllrose 10

Von der Ragower Mühle nach Müllrose

km 12–19

Am Gasthaus mit kleiner Wassermühle vorbei geht es über eine Brücke und anschließend links durch Wiesenlandschaft, immer der blauen Markierung folgend, bis der Weg am Belenzsee links in einen Waldweg mündet. Eine Weile läuft man am Ufer des kleinen Sees entlang, dann rechts vom Wasser weg und nach einigen Kurven rechts auf einen Feldweg durch die Wustrower Berge, eine leicht hügelige Endmoränenlandschaft. An der Waldstraße geht es links, kurz darauf wieder rechts, bis man zu Bahngleisen gelangt. Diese quert man und wandert weiter auf dem markierten Weg in Richtung Müllrose. Bald taucht der Große Müllroser See auf. Mehrere Badestellen, ein Freibad und ein Campingplatz sowie hohe Kiefern und Birken begleiten den Weg am Ostufer, bis die ersten Häuser erreicht sind. Wer zum Bahnhof will, um von dort aus mit dem Zug weiterzufahren, zweigt rechts in die Bahnhofstraße ab. Andernfalls läuft man immer auf der Seeallee in Richtung Zentrum. Die Seepromenade führt dann direkt im Linksbogen am Ufer entlang zum Marktplatz.

Das verwunschene Bachtal der Schlaube

Das über 700 Jahre alte Ackerbürgerstädtchen **Müllrose** mit seiner schönen Seepromenade war schon in den 1920er-Jahren beliebtes Ausflugsziel und ist heute staatlich anerkannter Erholungsort. Am Nordufer hat sich mit der Müllroser Mühle, einem nicht zu übersehenden roten Ziegelbau, die einzige Mühle erhalten, die heute noch in Betrieb ist. Neben dem üblichen Mahlgut werden in den Oderland-Mühlwerken Müllrose auch Bio-Weizen und -Roggen gemahlen. Im ältesten Teil der Stadt steht gleich hinter dem Marktplatz eine hübsche Barockkirche. Im Haus des Gastes sind ein kleines Heimatmuseum sowie die Naturparkverwaltung Schlaubetal untergekommen, die neben Informationen auch geführte Touren anbietet.

Lübbenau – Burg

11 Durch den Spreewald von Lübbenau nach Burg

Start	Ziel	Länge	Gehzeit
Bahnhof Lübbenau	Spreewaldtherme Burg	16,5 km	4 Std.

Mit seinen geheimnisvollen dunklen Wäldern, lichten Streuobstwiesen und den Wasserläufen der Spree hat das Biosphärenreservat Spreewald seinen ganz eigenen Reiz. Mehr als 1 000 Kilometer Fließe verteilen sich über das rund 500 Quadratkilometer große Gebiet. Die Wald- und Weidelandschaft ist nicht nur Lebensraum unzähliger, teils bedrohter Tiere und Pflanzen. Hier gedeihen auch Meerrettich und Gurken, die zusammen mit dem Leinöl kulinarische Botschafter der Region sind. Einen guten Einblick in die vielen Facetten des Spreewalds bekommt man auf der Wanderung von Lübbenau in die Streusiedlung Burg, wo man anschließend in der Spreewaldtherme entspannen kann.

Ein vertrauter Anblick im Biosphärenreservat: der Spreewaldkahn

Lübbenau – Burg

Infos zur Tour

Hinfahrt
Bahnhof Lübbenau
(RE2, stdl., ca. 65 Min. ab Berlin Hbf.)

Rückfahrt
Haltestelle Burg/Spreewaldtherme
(Bus 38, alle 2–3 Std. bis Vetschau und
weiter mit RE2, ca. 1 Std. 45 Min. bis
Berlin Hbf.; letzte Abfahrt in Burg:
20.39 oder um 22 Uhr mit Bus 47 über
Cottbus)

Streckenverlauf
Bahnhof Lübbenau – Lübbenau –
Lehde – Leipe – Burg-Kolonie –
Burg-Dorf/Spreewaldtherme

Streckencharakteristik
Landschaftlich und kulturell interessante Wanderung durch die typische Wald- und Wasserlandschaft des Spreewalds

Schwierigkeit
Einfach

Für Kinder
Ja

Beschilderung
Erst grüner Querstrich, ab Lehde
blauer bzw. gelber Querstrich

Baden
Spreewaldtherme
Das Bad lockt mit spreewaldtypischer Architektur, heilsamer Sole und umfangreichem Wellness-Programm.
Ringchaussee 152 · 03096 Burg ·
(0 35 60 3) 1 88 50 · www.spreewaldtherme.de · tgl. 9–22, Fr bis 24 Uhr

Besonderheiten
Mückenschutz nicht vergessen!

Information
Haus des Gastes
Am Hafen 6 · 03096 Burg ·
(0 35 60 3) 75 01 60 ·
www.burgimspreewald.de

Einkehren
Café Fontane
Serviert Köstlichkeiten von Kaffee und Kuchen über mediterrane Kleinigkeiten bis hin zum deftigen Grillteller.
Ehm-Welk-Str. 42 · 03222 Lübbenau ·
(0 35 42) 4 35 94 ·
Apr.–Okt. Di 15–23, Mi–Sa 11.30–23,
So 11.30–18 Uhr,
Nov./Dez. Di–Fr ab 17, Sa/So ab 14 Uhr

Gasthaus Kaupen Nr. 6
Etwas abseits des Weges lockt das Traditionshaus am Wasser mit Hefeplinsen und anderen Spreewälder Spezialitäten.
Kaupen 6 · 03222 Lübbenau/OT Lehde ·
(0 35 42) 4 78 97 · www.kaupen6.de ·
Mitte Mai–Sep. Di/Mi 11–17, Do–So
12–21, Okt. Mi/So 11–17, Do–Sa
12–21, Dez/Jan Sa/So 11–17 Uhr

Poliwka
Gesunde, z. T. auch vegane Suppen, Salate und andere spreewaldtypische Gerichte bietet das unprätentiöse Lokal zu sehr fairen Preisen.
Bahnhofstraße 2 · 03096 Burg ·
(0 35 60 3) 75 96 71 ·
www.poliwka.de · Mo–Fr 10–17,
im Sommer auch Sa 10–14 Uhr

11 Lübbenau – Burg

Das Biosphärenreservat Spreewald

Das **Biosphärenreservat Spreewald** ist ein ganz besonderes, in Mitteleuropa einzigartiges Stück Landschaft. Nirgendwo sonst lassen sich so viele Wasserläufe der Spree finden, die eine Gesamtlänge von weit mehr als 1 000 Kilometer haben. Der Sage nach sollen hier dem Teufel beim Pflügen die Ochsen durchgegangen und beim wilden Gerangel der Tiere die Wasserläufe entstanden sein. In Wirklichkeit teilte sich nach der letzten Eiszeit die Spree in ein fein gegliedertes Netz von Fließen, das von dichtem Urwald durchzogen war. Heute ist die Wald- und Weidelandschaft, die seit 1991 unter dem Schutz der UNESCO steht, Lebensraum von über 18 000 Tier- und Pflanzenarten, darunter vielen bedrohten Orchideenarten. Zur Fauna gehören wiederum Schwarz- und Weißstörche, Kraniche, der Große Brachvogel, aber auch unzählige Schmetterlingsarten, Libellen und Fische. Besonders gut gedeiht in der Auenlandschaft Gemüse, vor allem Gurken, die durch ein bestimmtes Einlegeverfahren konserviert werden und beliebtes Mitbringsel der jährlich rund 2,5 Millionen Besucher sind.

km	
0–0,5	**Vom Bahnhof Lübbenau nach Lübbenau**

Vor dem Bahnhof, den man sich ruhig noch ein bisschen anschauen kann, da er neben einer Touristinformation mit Fahrkartenschalter auch ein Lokal und die überaus originelle, von Künstlern gestaltete Pension Spreewelten beherbergt, überquert man die Bahnhofstraße und läuft gegenüber auf der Poststraße ins Zentrum von Lübbenau.

Als staatlich anerkannter Erholungsort ist **Lübbenau** das touristische Zentrum des Oberspreewalds. Entsprechend betriebsam geht es hier in der Saison zu, wenn unzählige Reisegruppen am **Fährhafen** zu Kahnfahrten starten. In früheren Zeiten lebte die Stadt dagegen von der Tuchmacherei. Da der Flachs auf den humusreichen Böden der Umgebung gut gedieh, siedelten sich im 17. Jahrhundert zahlreiche holländische Tuchmacher an und machten die Leinenweberei zum wichtigsten Erwerbszweig. Im 19. Jahrhundert löste ihn dann der Gemüse-, vor allem der Gurkenanbau ab, der auch heute noch eine bedeutende Rolle spielt. Im Zentrum des lebendigen Städtchens liegt der dreieckige Kirchplatz mit einer **Postmeilensäule** aus der Zeit Augusts des Starken

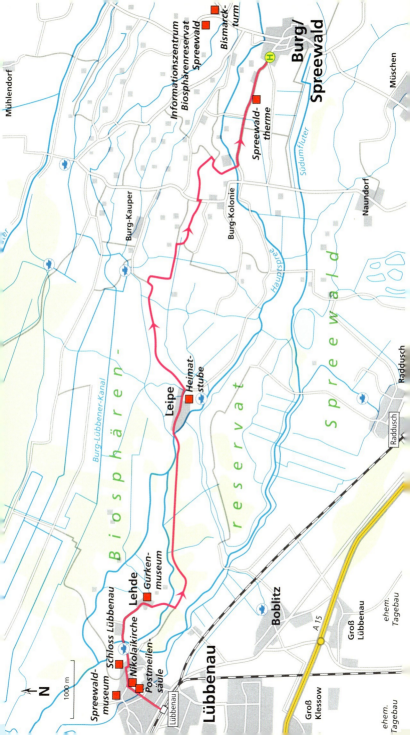

und der **Nikolaikirche** von 1714 mit ihrem barocken Emporensaal. Gleich daneben hat der Bildhauer Volker Roth seinen **Sagenbrunnen,** bestehend aus mehreren skurrilen Spreewaldfiguren, kreiert, der manch unheimlicher Sage Gestalt verleiht. Am Topfmarkt steht indessen das **Torhaus,** ein Backsteinbau von 1850, der heute das Spreewaldmuseum mit allerlei Gerätschaften der Leinenweberei beherbergt (Apr.–Okt. Di–So 10–18 Uhr, Nov.–März Di–So 12–16 Uhr). Besonderer Glanzpunkt von Lübbenau ist das klassizistische **Schloss** inmitten eines englischen Landschaftsgartens. Bereits 1621 erwarben die aus der Toskana stammenden Grafen zu Lynar den Besitz und residierten hier bis in die 1940er-Jahre. Doch nachdem Wilfried Graf zu Lynar Verbindungsmann zu den Hitler-Attentätern von 1944 war, wurde die Familie enteignet und das Schloss jahrzehntelang anderweitig genutzt. Nach der Wende gelang es den Grafen zu Lynar, das Schloss zurückzukaufen, aufwendig zu restaurieren und in einen stilvollen Hotelbetrieb zu verwandeln.

Von Lübbenau nach Lehde

km 0,5–1,5

Am Kirchplatz biegt man rechts ab, läuft an der Kirche vorbei und auf der Ehm-Welk-Straße in Richtung Schlossbezirk. Am Schloss entlang geht es weiter auf dem Fahrweg und über den Südumfluter zum Lehdschen Weg, wo rechts ein mit grünem Querstrich markierter Wanderweg abzweigt. Er führt parallel zur Straße durch den Wald und wenig später nach Lehde.

„Die Lagunenstadt im Taschenformat: ein Venedig, wie es vor 150 Jahren gewesen sein mag. Man kann nichts Lieblicheres sehen als dieses **Lehde,** das aus so vielen Inseln besteht, wie es Häuser hat", schwärmte Theodor Fontane. Tatsächlich ist das 700 Jahre alte, denkmalgeschützte Lagunendorf mit seinen Bauernhäusern und üppig blühenden Gärten, das ringsum von den Wasserarmen der Spree umgeben ist, etwas Einzigartiges. Hier trägt Deutschlands einzige Postkahnfrau die Briefe vom Wasser aus, auch Feuerwehr und Müllabfuhr können sich nur per Kahn annähern. Außerdem verleihen die für die Sorben typischen Schlangensymbole an den Giebeln der Siedlung etwas Märchenhaftes. Inzwischen sind in den Holzhäusern zahlreiche Gasthäuser und Kahnverleihstellen untergekommen. Außerdem bilden drei altwendische

Einzigartig in Mitteleuropa: die Wald- und Wasserlandschaft des Spreewalds

Hofanlagen ein **Freilichtmuseum** mit einer historischen Trachtenausstellung, Blaudruckwerkstatt, Töpferei und der ältesten Kahnbauerei (Apr.–Mitte Sep. tgl. 10–18, Mitte Sep.–Okt. tgl. 10–17 Uhr). Das **Gurkenmuseum** in der Hotelanlage Starick veranschaulicht stattdessen, wie traditionell die Spreewaldgurken eingelegt werden (An der Dolzke 4–6 · Apr.–Okt. tgl. 9–18 Uhr). Die Saure-Gurken-Zeit begann bereits im 6. Jahrhundert mit den ersten slawischen Siedlern. Für einen verstärkten Anbau sorgten im 17. Jahrhundert die holländischen Tuchmacher, die sich hier ansiedelten. Traditionell wird das Gemüse mit Salz, Essig und vor allem Kräutern wie Thymian, Dill, Basilikum oder Zitronenmelisse eingelegt. Außerdem trägt die Lagerung in Eichenfässern zum charakteristischen Geschmack der Spreewaldgurken bei.

Von Lehde nach Leipe

km 1,5–6,5

Man läuft auf der Dorfstraße durch den Ort, folgt den Wegweisern nach Leipe über eine Brücke und wandert weiter an schönen alten Bauernhäusern vorbei aus dem Ort hinaus. Rechts und links liegen träge die Fließe. Noch einmal ist eine Brücke zu überqueren, bevor es links auf schmalem Pfad, den Birken und Schwarzerlen säumen, immer geradeaus durch geheimnisvolle Wald- und Sumpflandschaft geht. Nach ca. 5 Kilometern erreicht man der Markierung mit gelbem Punkt/Strich folgend Leipe.

Das Fischerdörfchen **Leipe,** das bis aufs 14. Jahrhundert zurückgeht, war lange Zeit nur auf dem Wasserweg erreichbar. Erst 1936 wurde ein Arbeitsweg angelegt, 1968 auch eine befestigte Straße. Nah am Wasser liegt die **Heimatstube** mit alten Möbeln und Hausrat, wo Besucherinnen auch Spreewaldtrachten anprobieren dürfen ((0 35 42) 8 02 35 · Besichtigungen auf Anfrage).

Von Leipe nach Burg-Dorf

km 6,5–16,5

Man läuft geradeaus durch den Ort, an der Heimatstube auf der rechten Seite und einer Bushaltestelle auf der linken Seite vorbei, bis man zu einer T-Kreuzung kommt, wo man sich links hält. Jetzt setzt sich der Weg mit der blauen Markierung durch offene Wiesenlandschaft in Richtung Burg fort. Rechts und wieder rechts folgt man den Hinweisschildern nach Burg-Dorf bzw. Therme auf den asphaltierten Erlkönigweg und durch Felder- und Wiesenlandschaft. Man folgt dem Erlkönigweg in Richtung Burg/Spreewaldtherme, passiert die Ringchaussee und läuft geradeaus, der Markierung auf der Fahrradstraße folgend, durch die lockere Besiedlung und Wiesen-

In der Gaststätte Bismarckturm kann man im Sommer draußen entspannen

Lübbenau – Burg

landschaft von Burg-Kolonie in Richtung Kolonieschänke, bis es rechts auf den Birkenweg geht. Dieser führt auf etwas verschlungenen Wegen schließlich über eine Brücke zur Ringchaussee. Rechts liegt schräg gegenüber die Kolonieschänke. Doch hält man sich links und läuft auf der Ringchaussee ca. 2 Kilometer in Richtung Burg-Dorf. Vorbei am Hotel Zur Bleiche gelangt man zur Spreewaldtherme und weiter ins Ortszentrum, wo es links zum Bismarckturm geht. An der Ringchaussee befinden sich mehrere Bushaltestellen, wo man den Bus nach Vetschau besteigen kann. Wer Zeit genug hat, sollte sich noch ein wenig in Burg umsehen.

Der Bahnhof in Burg

Das sorbisch geprägte **Burg,** das eigentlich aus einer riesigen Streusiedlung besteht, hat sich in den letzten Jahren dank der **Spreewaldtherme** und neuen, darunter einigen sehr luxuriösen Hotelbetrieben zum immer beliebteren Erholungsort gemausert. Neben dem Solebad locken Sehenswürdigkeiten wie der **Bismarckturm**, der von 1915 bis 1917 in halb klassizistischem, halb expressionistischem Stil auf dem Schlossberg errichtet wurde und eine schöne Weitsicht über die Spreewaldlandschaft bietet (Byleguhrer Str. · Apr.–Okt. tgl. geöffnet · 3/1,50 €). Nicht weit davon entfernt liegt das **Informationszentrum** des Biosphärenreservats Spreewald mit schönem **Arznei- und Kräutergarten** (Byleguhrer Str. 17 · (03 56 03) 69 10 · Apr.–Okt. Di–So 10–17 Uhr · Eintritt frei · Arznei- und Kräutergarten Mai–Sep. Di–Do 9–16, Fr/Sa 11–15, So 12–16, Winter Mo–Fr 9–14 Uhr). In der **Heimatstube** gibt es indessen historische Trachten und Alltagsgegenstände aus dem 19. und 20. Jahrhundert zu sehen (Am Hafen 1 · (03 56 03) 7 57 29 · Apr.–Okt. Mi–So 13–17, Nov.–März Mi–So 12–16 Uhr). Über die zahlreichen Angebote zum Kahnfahren informiert das Haus des Gastes (▸ Seite 81).

Sacrower See & Königswald

12 Vom Sacrower See zur Heilandskirche und durch den Königswald

Start	Ziel	Länge	Gehzeit
Sacrower See/ Groß Glienicke	Sacrower See/ Groß Glienicke	15 km	4 Std.

Etwas versteckt gelegen und nicht so prominent wie die Havelseen ist der Sacrower See, ein besonders sauberer und schöner Badesee, der zu allen Jahreszeiten seinen Reiz hat. Von hier aus geht es an einem Teil des Berliner Mauerwegs entlang über die Römerschanze und durch das Naturschutzgebiet Königswald. Höhepunkt ist die Sacrower Heilandskirche, die zusammen mit Schloss Sacrow und dem gleichnamigen Landschaftspark ein spannendes Stück Historie erlebbar macht.

Wunderschön anzusehen: die von Ludwig Persius erbaute Sacrower Heilandskirche

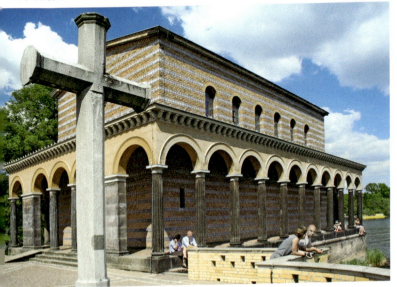

Sacrower See & Königswald 12

Infos zur Tour

Hin- und Rückfahrt
Haltestelle F.-Günther-Park in Potsdam-Groß Glienicke
(Bus 638 alle 20 Min. ab Bhf. Spandau, bis dahin RB10 oder RE4 ab Berlin Hbf., ca. 45 Min.)

Streckenverlauf
Groß Glienicke – Sacrow – Königswall – Lehnitzsee – Krampnitzsee – Königswald – Sacrower See

Streckencharakteristik
Landschaftlich und kulturell reizvolle Wanderung auf Waldwegen und -pfaden, die an reichlich Wasser entlangführen

Schwierigkeit
Einfach, mit minimalen Steigungen

Für Kinder
Ja

Beschilderung
Am Sacrower See grüner, ab Sacrow gelber, ab Krampnitz roter Querstrich

Baden
Badestellen am Sacrower, Lehnitz- und Krampnitzsee

Information
Tourismusverband Havelland
Theodor-Fontane-Str. 10 · 14641 Nauen/OT Ribbeck · (03 32 37) 85 90 30 · www.havelland-tourismus.de

Sehenswertes
Heilandskirche Sacrow
Unbedingt sehenswert ist die Sacrower Heilandskirche, die sich mit ihren Arkaden und ihrem Campanile aus blau glasierten Fliesen und blassrosa Backstein im Wasser der Havel spiegelt. Von Ludwig Persius um 1843 erbaut, gibt das Innere der dreischiffigen Basilika häufig die Kulisse für Konzerte ab. Beeindruckend ist auch das monumentale Apsis-Gemälde mit der Christus-Darstellung von Adolf Eybel.
Fährstr. · 14469 Sacrow · (03 31) 50 43 75 · www.heilandskirche-sacrow.de · Mai–Aug. Di–Do 11–16, Fr–So 11–17 Uhr, März 11–16, Apr., Sep./Okt. Di–Do 11–15.30, Fr–So 11–16 Uhr, Nov.–Feb. Sa/So/Fei 11–15.30 Uhr · Gottesdienste am 2. und 4. So im Monat um 15 Uhr

Einkehren
Landleben Potsdam
Freundliches Restaurant mit kleinem Badestrand und Spielplatz am Sacrower See, das italienische und deutsche Spezialitäten sowie Flammkuchen serviert. Jeden ersten Sonntag im Monat gibt es ab 11 Uhr guten Brunch. Zum Übernachten stehen einige komfortable Zimmer bereit (DZ ab 68 €).
Seepromenade 99 · 14476 Groß Glienicke · (03 32 01) 3 12 91 · www.landleben-potsdam.de · tgl. ab 12 Uhr, im Winter z. T. Schließzeiten

Zum Sacrower See
Das Ausflugslokal mit Terrasse und Rittersaal bietet eine relativ preiswerte, eher deftige Küche sowie Kaffee und Kuchen.
Weinmeisterweg 1 · 14469 Sacrow · (03 31) 50 38 55 · www.restaurant-sacrow.de · Do–Mo 12–22 Uhr

12 Sacrower See & Königswald

km 0–3,5 **Von Groß Glienicke nach Sacrow**

Ausgangspunkt der Wanderung ist das Restaurant Landleben Potsdam in Groß Glienicke, das direkt an einem kleinen Badestrand am Sacrower See liegt. Man erreicht es, wenn man von der Bushaltestelle F.-Günther-Park die Seepromenade bis zum Ende läuft. Am Gasthaus angekommen, wandert man dann links am Seeufer entlang. Auf dem mit grünem Balken markierten Weg geht es eine ganze Weile auf und ab durch Kiefern- und Mischwald, der immer wieder den Blick aufs Wasser freigibt, wobei man sich immer rechts in der Nähe des Wassers hält, bis die Ortschaft Sacrow erreicht ist. Hier verlässt man das Seeufer und läuft links an Siedlungshäusern, der Gaststätte Zum Sacrower See und einer großen Gärtnerei vorbei zur Krampnitzer Straße. Dort biegt man rechts ab in Richtung Gutspark Sacrow. Hat man die Parkanlage betreten, fällt schon der Blick auf das gleichnamige Schloss.

Schloss Sacrow geht auf Ludwig Persius zurück, der im Auftrag von Friedrich Wilhelm IV. den Vorgängerbau, ein ursprünglich barockes Gutshaus, in klassizistischem Stil aufmöbelte. Trotzdem ist es im Vergleich zu den übrigen Schlössern der Umgebung relativ schlicht geblieben. Meist ist es geschlossen, doch im Sommer öffnet es hin und wieder für Ausstellungen oder andere Veranstaltungen seine Pforten. Ein wunderbares Fleckchen gestalteter Natur ist die Umgebung, die von Peter Joseph Lenné gestaltete **Parkanlage** mit schönem alten Baumbestand. Durch sie gelangt man schließlich zur **Heilandskirche,** die sich mit einem 20 Meter hohen Campanile aus ocker-weiß gestreiftem Stein am Ufer der Havel erhebt. Florenz? Siena? Normalerweise würde man eine solche Basilika auf einer italienischen Piazza ansiedeln. Stattdessen spiegelt sie sich mit ihren malerischen Rundbögen im märkischen Wasser. Von Ludwig Persius im 19. Jahrhundert erbaut, sollte sie das Arkadien der preußischen Könige vollenden. Da sie zu DDR-Zeiten direkt an der deutsch-deutschen Grenze lag und von den ostdeutschen Behörden verrammelt wurde, ging der elegante Sakralbau später als Symbol der Teilung in die Geschichte ein. Inzwischen erstrahlt er nach aufwendiger Restaurierung wieder in altem Glanz. In der Apsis sind ein Gemälde von Carl Begas und Adolph Eybel in byzantinischem Stil, ein Altar aus Zedernholz, ein Standkreuz und Kandelaber aus Zink-

Sacrower See & Königswald 12

12 Sacrower See & Königswald

Idylle pur: die Havelseen rund um Potsdam

guss zu sehen, und über alles spannt sich ein heiterer hellblauer Sternenhimmel, der noch den grausten Tag vergessen macht.

km	Von Sacrow zum Königswall
3,5–8	

Von der Heilandskirche geht es am Ufer des Jungfernsees entlang, großenteils auf dem mit gelbem Querstrich markierten Berliner Mauerweg, der sich an Wald und Wasser entlangschlängelt. Am gegenüberliegenden Ufer sind der Reihe nach die Glienicker Brücke, das Marmorpalais, die Meierei und schließlich die prächtige Dampfpumpstation zu sehen, die die Fontänen um das Schloss Cecilienhof speiste. Schöner als der breite Waldweg ist der schmale, ebenfalls gelb markierte Pfad, der parallel dazu unterhalb am Wasser verläuft. Er folgt den vielen Schleifen am Ufer und führt schließlich in einer weiten Rechtskurve zum Königswall im Wald, wo es dann steil den Hügel hinaufgeht.

Der **Königswall** ist ein weitläufiges Plateau, das auf einer Anhöhe über dem Lehnitzsee liegt und prähistorische Wallanlagen erkennen lässt. Irrtümlich werden sie auch Römerschanze genannt. Aber die Römer sind hier nie gewesen. Vielmehr handelt es sich um eine bronzezeitliche Befestigungsanlage, die mehr als 3000 Jahre alt ist und 1881 erstmals archäologisch erkundet wurde. Im 8. und

9. Jahrhundert wurde sie wiederum von Slawen besiedelt, zum Teil sollen hier 1 000 Menschen gewohnt haben. Wer mag, kann auf den Wallanlagen eine große Runde drehen, bevor er wieder weiter ans Ufer des Lehnitzsees läuft.

Vom Königswall zum Sacrower See   km 8–15

Vom Königswall wandert man zum Ufer des Lehnitzsees hinunter und weiter zu einer Landstraße, an der man sich halb links hält und auf einem schmalen Pfad neben der Straße am Wasser entlangwandert. Nach etwa 500 Metern zweigt der gelb markierte Pfad dann wieder links ab. Jetzt wird es noch einmal richtig idyllisch, wenn er sich am Ufer des Krampnitzsees, in den der Lehnitzsee übergeht, mit einer schönen Badestelle entlangzieht. Schließlich gelangt man zu einer Pferdekoppel, wo man, statt rechts dem Weg zu folgen, auch geradeaus bis zu den ersten Häusern von Krampnitz und zur Landstraße weiterlaufen kann. Hier biegt man rechts ab und läuft ca. 500 Meter durch den Ort und weiter an der Straße entlang, bis links ein mit rotem Strich markierter breiter Waldweg abzweigt. Wer die Straße umgehen will, läuft bei der Pferdekoppel weiter im Rechtsbogen am Waldrand entlang und dann links zur Straße, biegt ein kurzes Stück in sie ein, um dann die erste Abzweigung rechts zu nehmen. Jetzt geht es auf dem breiten Forstweg durch den imposanten **Königswald** *mit hohen Kiefern, aber auch Eichen und anderen Laubbäumen. Nach ca. 2 Kilometern folgt man an der Abzweigung der Markierung nach rechts, darauf wieder nach links und weiter im Rechtsbogen wieder auf einen schnurgeraden Waldweg. Schließlich kommt man zu einer T-Kreuzung, an der man sich noch einmal links halten muss. Kurze Zeit später gerät wieder der Sacrower See in Sicht. Erreicht man die Straße, zweigt dort rechts ein jetzt wieder grün markierter Uferweg ab. Noch ein paar Schritte am Wasser entlang und man ist wieder beim Restaurant Landleben Potsdam angelangt – und hat sich nun ein erfrischendes Bad und/oder eine ordentliche Portion Flammkuchen verdient.*

Die Apsis der Heilandskirche schmückt ein byzantinisch anmutendes Christus-Bild

Potsdam – Caputh

13 Auf den Spuren Albert Einsteins von Potsdam nach Caputh

Start	Ziel	Länge	Gehzeit
Potsdam Hauptbahnhof	Bahnhof Schwielowsee	8 bzw. 9,5 km	2,5 Std.

Nicht nur liebliche Seen umgeben die Stadt Potsdam, südöstlich vom Stadtzentrum gelangt man auch schnell in ausgedehnte Wälder, in denen es richtig hügelig ist. Zugleich führt die relativ kurze Wanderung auf die Spuren Albert Einsteins. Neben dem für den Physiker errichteten Sonnenobservatorium auf dem Telegrafenberg liegt sein Sommerhaus in Caputh am Wegesrand. Außerdem lockt in dem staatlich anerkannten Erholungsort das Barockschloss Caputh, das sich mit einem kleinen Landschaftspark malerisch an das Ufer des Templiner Sees schmiegt. Nicht weit davon entfernt steht die Dorfkirche, die von Friedrich August Stüler entworfen wurde und zuweilen zu „Caputher Musiken" einlädt.

Von Potsdam aus fußläufig zu erreichen – Caputh und Ferch am Schwielowsee

Potsdam – Caputh **13**

Infos zur Tour

Hinfahrt
Potsdam Hbf.
(RE1, alle 30 Min., ca. 25 Min. ab Berlin Hbf.)

Rückfahrt
Bahnhof Caputh Schwielowsee
(RB23 und RE1 (ca. 40 Min.) oder
S7 (ca. 55 Min.) bis Berlin Hbf. oder
Bus 607 und RE1, ca. 50 Min. bis Berlin Hbf.)

Varianten
Die Tour kann auch mit der Wanderung um den Schwielowsee kombiniert werden (▶ Tour 14, Seite 101). Außerdem besteht die Möglichkeit, von Caputh aus mit dem Ausflugsdampfer nach Potsdam zurückzufahren.

Streckenverlauf
Potsdam Hauptbahnhof – Wissenschaftspark – B 2/Eisenbahnbrücke – Caputh – Bahnhof Caputh Schwielowsee

Streckencharakteristik
Landschaftlich und kulturell reizvolle Wanderung auf Waldwegen

Schwierigkeit
Einfach, mit leichten Steigungen

Für Kinder
Ja

Beschilderung
Blauer Querstrich, später grüner Diagonalstrich

Baden
Strandbad und Badestellen in Caputh

Information
Schwielowsee Tourismus
Straße der Einheit 3 · 14548 Schwielowsee/OT Caputh · (03 32 09) 7 08 99 ·
www.schwielowsee-tourismus.de

Schifffahrt in Potsdam
Lange Brücke 6 · 14467 Potsdam ·
(03 31) 2 75 92 10 ·
www.schifffahrt-in-potsdam.de

Sehenswertes
Einsteinturm
Besichtigung Sep.–Apr. jeden 1. Sa im Monat um 10 Uhr, Anmeldung per Tel. oder Email erforderlich · 8/6 €
Albert-Einstein-Str. · 14473 Potsdam ·
(03 31) 29 17 41 ·
www.urania-potsdam.de ·
einsteinturm@urania-potsdam.de

Einkehren
Fährhaus Caputh
Uriges Traditionslokal mit gutbürgerlicher Küche und Blick aufs Wasser.
Straße der Einheit 88 ·
14548 Schwielowsee/OT Caputh ·
(03 32 09) 7 02 03 · www.faehrhaus-caputh.de · März Mi–So 12–21,
Apr.–Okt. tgl. ab 12 Uhr,
Nov./Dez. Do–So ab 12 Uhr

Kavalierhaus
Das zum Schloss gehörige Kavalierhaus bietet gehobene Küche. Mit Terrasse am Seeufer (EZ ab 69, DZ ab 89 €).
Lindenstr. 60 · 14548 Schwielowsee/OT Caputh · (03 32 09) 8 46 30 ·
www.kavalierhaus-caputh.de ·
Mi–So ab 11 Uhr,
So 11–15 Brunchbuffet

13 Potsdam – Caputh

km 0–1 Vom Hauptbahnhof Potsdam zum Wissenschaftspark

Man verlässt den Hauptbahnhof Potsdam durch den Südausgang, überquert die Heinrich-Mann-Allee und läuft auf der anderen Straßenseite dem Wegweiser zum Wissenschaftspark Albert Einstein folgend erst ein Stück auf der Straße Am Brauhausberg auf den Berg hinauf. Hier folgt man jetzt nicht der blauen Markierung des E 10 nach Caputh, sondern biegt links in die Albert-Einstein-Straße ein, die nach ca. 1 Kilometer auf den Telegrafenberg mit dem Wissenschaftspark Albert Einstein hinaufführt.

Der **Wissenschaftspark Albert Einstein,** der sich mit vielen Gebäuden über die Waldlandschaft des Telegrafenbergs verteilt, besteht aus bedeutenden Institutionen wie dem Deutschen Geo-Forschungszentrum, dem Astrophysikalischen Institut Potsdam, dem Potsdam-Institut für Klimafolgenforschung und dem Meteorologischen Observatorium Potsdam des Deutschen Wetterdienstes. Eine ganz besondere Architektur-Ikone ist der **Einsteinturm,** ein Sonnenobservatorium, das zwischen 1919 und 1924 in Zusammenarbeit mit dem Physiker Albert Einstein und dem Astronomen Erwin Finlay-Freundlich entstand. Strahlend weiß, mit runden, geschwungenen Formen und anderen Elementen des Expressionismus wie auch des Jugendstils ist der Turm eins der bedeutendsten Werke des jungen Erich Mendelsohn und war bis zum Zweiten Weltkrieg wichtigstes Sonnenteleskop Europas. Mithilfe eines Spiegelsystems sollte Licht von Himmelskörpern eingefangen und in ein senkrechtes Fernrohr geleitet werden, wo es, durch einen weiteren Spiegel in ein unterirdisches Labor geleitet, mittels eines Spektrums zerlegt werden sollte. Damit sollte die durch Einsteins Relativitätstheorie vorhergesagte Rotverschiebung von Spektrallinien im Schwerefeld der Sonne bewiesen werden, was allerdings nicht gelang. Stattdessen hat sich das Großgerät bei der Untersuchung des Magnetfelds der Sonne bewährt. Im Inneren sind allerlei optische Geräte und der kleine Saal, in dem das Kuratorium unter Einsteins Vorsitz tagte, zu sehen.

km 1–7 Vom Wissenschaftspark Albert Einstein zum Einstein-Sommerhaus

Man läuft links auf der Straße am Wissenschaftspark vorbei und gelangt kurz darauf in einen schönen Mischwald, in dem häufig

Potsdam – Caputh 13

13 Potsdam – Caputh

Spaziergänger und Jogger unterwegs sind. Am Ende des eingezäunten Geländes passiert man eine Schranke und folgt geradeaus der blauen Markierung. Zwischendurch zweigen mehrere Wege ab, auch einen Rastplatz mit Bank lässt man links liegen und gelangt nach ca. 1,5 Kilometern zu einer Weggabelung mit einer zweiten Bank an einem Baum. Während die blaue Markierung nach links weist, bleibt man weiter auf dem Weg, der halb rechts verläuft und auf mehreren Kurven um die Kahlen Berge führt. Nach der Kreuzung mit dem Markstein 7 343 zweigt rechts an einem abgestorbenen Baum ein unscheinbarer Weg ab, der zum Teil mit gelber Farbe markiert, aber nicht ausgeschildert ist. Dieser führt nun ca. 2 Kilometer in ziemlichem Auf und Ab, aber immer geradeaus durch die Waldlandschaft am Kleinen Ravensberg entlang, bis er nach mehreren Kreuzungen den nicht ausgeschilderten Caputher Heuweg erreicht. An diesem breiten, nicht asphaltierten Fahrweg biegt man rechts ab und erreicht nach ca. 500 Metern die B 2. Hier läuft man links über die Eisenbahnbrücke, quert die Straße und wandert auf der anderen Seite an einem freien Parkplatz links in den Wald (Achtung: Nicht an der Bahnlinie entlang dem Wegweiser zum Strandbad Caputh folgen!). Nach ca. 2 Kilometern zweigt schräg rechts ein Waldweg ab, auf dem man bald darauf Caputh erreicht. Bei den ersten Häusern hält man sich am Waldrand rechts und gelangt so zum Einstein-Sommerhaus.

Ganz unprätentiös ist die **Sommerresidenz Albert Einsteins** im oberen Ortsteil von Caputh, die sich zwischen allerlei anderen Häusern am Waldrand versteckt. Von Architekt Konrad Wachsmann ließ sich der Nobelpreisträger 1929 ein Holzhaus mit weißen Fensterläden, Flachdach und großer Sonnenterrasse bauen. Unten am See lag seine Jolle „Tümmler", mit der der Physiker auf den märkischen Gewässern segelte. Gleichzeitig fand er Zeit für Begegnungen mit Freunden. Selbst wenn die Besucher Max Planck, Heinrich Mann oder Liebermann hießen – hier durften die Krawatten gelockert, ja sogar Schuhe und Strümpfe ausgezogen werden. „Komm nach Caputh, pfeif auf die Welt", forderte der Nobelpreisträger auch seinen Sohn Eduard auf. Doch nach der Machtergreifung der Nazis wurde das Sommerhaus konfisziert und später von der Wehrmacht genutzt. Inzwischen ist es zur Besichtigung geöffnet. Von den Originalmöbeln hat sich immerhin

Potsdam – Caputh

Einsteins Sommerdomizil: ein schlichtes Holzhaus am Waldrand von Caputh

die gusseiserne Wanne erhalten, in der Einstein sein morgendliches Bad nahm. (Am Waldrand 15–17 · 14548 Schwielowsee/OT Caputh · Sa/So/Fei 10–18 Uhr · (03 31) 27 17 80 · www.einstein-sommerhaus.de)

Vom Einstein-Sommerhaus nach Caputh bzw. zum Bahnhof Caputh Schwielowsee

km 7–8 bzw. 9,5

Vom Einstein-Sommerhaus am Waldrand folgt man den Hinweisschildern ins Ortszentrum bzw. zum Schloss durch die Rosen- zur Lindenstraße, die ins Ortszentrum hinunterführt. Linker Hand befindet sich eine Bushaltestelle, ein Stück weiter ist schon das Schloss zu sehen. Um zur Uferpromenade zu gelangen, läuft man am Schloss entlang und dann halb rechts in die Straße der Einheit. Sie führt hinunter zur Fähre und zum Fährhaus Caputh. Von hier aus zieht sich die hübsche Uferpromenade an der Havel entlang. An der Eisenbahnbrücke führt ein Fußgängersteg hinüber zum Strandbad Schwielowsee auf der anderen Havelseite. Zum Bahnhof Caputh Schwielowsee nimmt man allerdings links den Fußweg entlang der Bahnstrecke.

So unscheinbar der lang gestreckte Ort auf den ersten Blick wirkt, überrascht er gleich mit mehreren Sehenswürdigkeiten. Neben der von Friedrich August Stüler um 1850 in neoromanischem Stil

Potsdam – Caputh

Das frühbarocke Schloss Caputh zeigt sich innen sehr prunkvoll

erbauten **Dorfkirche** mit hölzerner Kassettendecke und Schinkel-Taufschale ist das frühbarocke **Schloss Caputh** eine besondere Perle. Nachdem der Große Kurfürst Friedrich Wilhelm das Gebäude 1671 seiner Gemahlin, der Kurfürstin Dorothea, vermacht hatte, wurde aus ihm eine kleine, feine Sommerresidenz. Besonders beeindruckend sind der Festsaal mit barockem Deckengemälde und der Fliesensaal im Untergeschoss, dessen Wände und Decke mit mehr als 7000 blau-weißen holländischen Fayence-Fliesen ausgekleidet sind. Außerdem geben unzählige Gemälde, Lackmöbel, verzierte Spiegel, Marmorskulpturen und Porzellan eine Vorstellung von der Raumdekoration in der Zeit um 1700 (Straße der Einheit 2 · 14548 Schwielowsee/OT Caputh · (03 32 09) 7 03 45 · Mitte Apr.–Okt. Di–So 10–17.30 Uhr). Den Schlosspark mit Anlegestelle gestaltete Peter Joseph Lenné 1820 zum Landschaftsgarten um. Hier steht auch das ehemalige **Kavalierhaus,** das General Heinrich Ludwig August von Thümen in klassizistischem Stil erbauen ließ und wo es sich heute schön speisen und wohnen lässt (▸ Seite 95). Mit etwas Glück kann man die Wanderung mit einem Konzert der „Caputher Musiken" beschließen. Ansonsten ist vielleicht noch Zeit für ein erfrischendes Bad im Schwielowsee oder eine Forelle in der liebenswerten Traditionsgaststätte **Fährhaus Caputh.**

Um den Schwielowsee
Wanderung um den idyllischen Schwielowsee
14

Start	Ziel	Länge	Gehzeit
Bahnhof Schwielowsee	Bahnhof Schwielowsee	14,5 km	4,5 Std.

„Der Schwielowsee ist breit, behaglich, sonnig und hat die Gutmütigkeit aller breit angelegten Naturen", schrieb Fontane über den Havelsee südlich von Potsdam. Tatsächlich ist er ein besonders idyllisches Stück Havelland, wo sich auf kleinstem Raum Wälder, Wiesen, hübsche Dörfer und der See mit seinem Schilfgürtel abwechseln. Außerdem hatte hier Albert Einstein sein Sommerhaus. Vor ihm kam Kurfürstin Dorothea zur Sommerfrische ins Barockschloss Caputh. Außerdem zog die Gegend viele Künstler an, die die Havelländische Malerkolonie begründeten. So gibt es bei der Wanderung immer wieder etwas zu entdecken – von hübschen Dorfkirchen und Schlössern bis zum Museum der Malerkolonie.

Nicht nur Albert Einstein, auch viele Künstler schwärmten vom Schwielowsee

14 Um den Schwielowsee

Infos zur Tour

Hin- und Rückfahrt
Bahnhof Caputh Schwielowsee (RB23 oder Bus 607 stdl. ab Potsdam Hbf., bis dahin RE1 oder RE7, ca. 50 Min. ab Berlin Hbf.)

Varianten
Die Wanderung kann auch mit der Tour von Potsdam nach Caputh kombiniert werden. Außerdem besteht die Möglichkeit, von verschiedenen Orten aus vorzeitig mit dem Bus bzw. dem Ausflugsdampfer zurückzufahren.

Streckenverlauf
Caputh/Bahnhof Schwielowsee – Ferch – Petzow – Baumgartenbrück – Caputh – Bahnhof Schwielowsee

Streckencharakteristik
Landschaftlich und kulturell reizvolle Wanderung auf Wald- und Wiesenwegen, dicht am Wasser, mit kurzen Abschnitten auf ruhigen Straßen

Schwierigkeit
Einfach, mit leichten Steigungen

Für Kinder
Ja

Beschilderung
Roter Querstrich (F6), auf dem letzten Abschnitt von Baumgartenbrück nach Caputh grüner Querstrich

Baden
Diverse Badestellen sowie
Seebad Caputh
Mo–Fr ab 12, Sa/So ab 10 Uhr
Strandbad Ferch
Sommer tgl. 12–18 Uhr

Information
Schwielowsee Tourismus
Straße der Einheit 3 · 14548 Schwielowsee/OT Caputh · (03 32 09) 7 08 99 · www.schwielowsee-tourismus.de

Schifffahrt in Potsdam
Ausflugsdampfer steuern von Potsdam aus diverse Orte am Schwielowsee an.
Lange Brücke 6 · 14467 Potsdam · (03 31) 2 75 92 10 · www.schifffahrt-in-potsdam.de

Einkehren
Sanddorn-Garten Petzow
Hier dreht sich alles um Sanddorn, der vor Ort angebaut und zu zahlreichen Produkten verarbeitet wird. Hofladen und hübsche Orangerie mit Terrasse.
Fercher Str. 60 · 14542 Werder/OT Petzow · (0 33 27) 4 69 10 · www.sanddorn-garten-petzow.de · tgl. 10–18 Uhr, Restaurant Apr.–Okt. Fr–So/Fei 11–18 Uhr

Baumgartenbrück
Beliebte Traditionsgaststätte mit Gartenterrasse. Gediegene märkische Küche mit allerlei Fischspezialitäten.
Baumgartenbrück 4 · 14548 Geltow · (0 33 27) 5 52 11 · www.baumgartenbrueck.de · Do–So ab 12 Uhr

Landhaus Ferch
Freundliches Haus am Wasser mit schmackhafter, gutbürgerlicher Küche. Häufig auch Kunstausstellungen.
Dorfstr. 41 · 14548 Schwielowsee/OT Ferch · (03 32 09) 7 03 91 · www.landhaus-ferch.de · Di–Do 17–21.30 (bei gutem Wetter auch ab 12), Fr–So 12–21.30 Uhr

Um den Schwielowsee 14

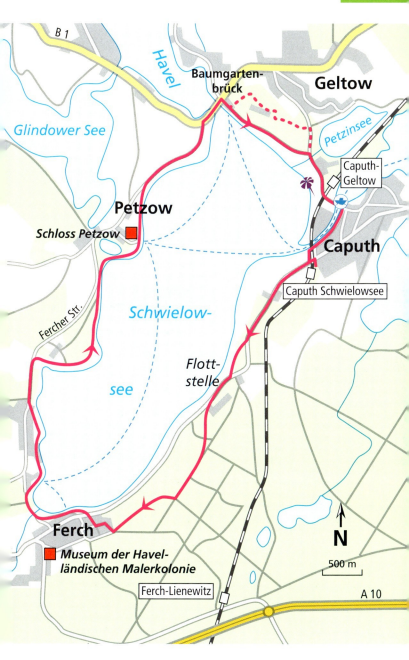

14 Um den Schwielowsee

km **Von Caputh nach Ferch**
0–4,5 *Ausgangspunkt der Wanderung ist der Bahnhof Schwielowsee in Caputh. Von hier läuft man über die Gleise und dem Wegweiser nach Ferch folgend in südlicher Richtung aus dem Ort hinaus, bis nach ca. 1 Kilometer rechts ein Waldweg in Richtung See abzweigt. Dieser nähert sich bei der Flottstelle wieder der Straße, doch wandert man noch eine Weile rechter Hand weiter, bis der Weg über die Straße hinweg und auf der linken Straßenseite in den Wald hinaufführt. Hier geht es jetzt auf dem Huteeichenweg oberhalb der Straße durch schöne Waldlandschaft. An einer Raststelle zweigt der Weg rechts ab und verläuft ein Stück weiter unterhalb parallel zur Straße, bis er an einem Campingplatz rechts nach Ferch führt. Noch einmal geht es ein Stück an der Straße entlang, dann erreicht man kurz nach Ortseingang beim Landhaus Ferch die Uferpromenade, wo der Weg nun immer am Wasser verläuft. Doch lohnt es, zwischendurch einen Abstecher in den Ort zu machen.*

Auch der Erholungsort **Ferch**, der sich an das südliche Ende des Schwielowsees schmiegt, ist ein idyllisches Fleckchen und zieht traditionell viele Künstler, vor allem Landschaftsmaler, an. Die Freiluftmaler bildeten hier vor rund 130 Jahren auch die **Havelländische Malerkolonie.** Begründer war der 1848 in Werder geborene Karl Hagemeister, der sich hier zu impressionistisch

Die Fischerkirche von Ferch inspirierte so manchen Maler der Kolonie

Ein besonders exotisches Stück Havelland: der Bonsaigarten von Ferch

anmutenden Bildern von Seerosen, Birkenhainen und Wasserlandschaften inspirieren ließ. Zu Hagemeister gesellte sich der Wiener Maler Carl Schuch, zeitweise kamen auch Max Liebermann oder Lovis Corinth zu Besuch. Nach Theodor von Brockhusen, dem „deutschen van Gogh", entdeckte schließlich Hans Wacker die Gegend für sich. Auf ihre Spuren führen ein **Kunstpfad,** der die früheren Wohnhäuser der Maler kennzeichnet, sowie das **Museum der Havelländischen Malerkolonie,** das in einem alten, reetgedeckten Kossätenhaus untergekommen ist (Beelitzer Str. 1 · (03 32 09) 2 10 25 · www.havellaendische-malerkolonie.de · Mai–Okt. Mi–So 11–17, im Winter Sa/So 11–17 Uhr · 3/2,50 €). Bevor man den Ort verlässt, sollte man noch einen Blick auf die Fischerkirche nahe dem Museum werfen. Um 1630 entstanden, beeindruckt der hübsche Fachwerkbau mit einer gewölbten Holzdecke, die einem umgedrehten Kahn ähnelt.

Von Ferch nach Petzow

km 4,5–9,4

Zurück an der Uferpromenade geht es immer weiter an Schilfgürtel und Gartengrundstücken entlang – Schilder weisen teilweise

Bei Hochzeitspaaren beliebt – die von Schinkel mitgestaltete Dorfkirche von Petzow

auf die Künstler hin, die hier früher wohnten. Am Ortsende quert der Wanderweg die Straße nach Petzow. Hier liegt ein paar Meter ortseinwärts der sehenswerte Japanische Bonsaigarten. Ansonsten verläuft der Weg auf der linken Straßenseite auf dem Fahrradweg weiter, bevor es an der nächsten Bushaltestelle wieder rechts über die Straße in Richtung See geht. Der Weg führt nun durch Waldlandschaft, immer wieder schimmert das Wasser zwischen den Bäumen durch, bis man nach ca. 5 Kilometern Petzow erreicht. Durch die Schilftürme hindurch führt der Weg rechts in den Schlosspark und am Haussee vorbei zum Schloss Petzow, wo sich auch eine Schiffsanlegestelle befindet.

Auch in **Petzow** waren berühmte Baumeister am Werk. So wurde die **Dorfkirche** mit ihren romanischen Rundbogenfenstern 1842 von Gustav Emil Prüfer nach Entwürfen Schinkels errichtet. Der Turm bietet eine fantastische Aussicht auf die Seenlandschaft ((03 38 41) 9 14 42 · März–Okt. Sa/So 11–18, Nov.–Feb. 13–17 Uhr). Gegenüber steht das neugotische **Schloss Petzow** inmitten eines von Lenné gestalteten Parks mit kleinem See. Auch an diesem Bauwerk im englischen Tudorstil hat Schinkel mitgewirkt. Nach langwieriger Restaurierung sind hier Eigentumswohnungen untergekommen.

km	
9,4–11,6	**Von Petzow nach Baumgartenbrück**

Am Schloss vorbei geht es weiter am Wasser entlang – man folgt den Hinweisschildern nach Geltow/Baumgartenbrück durch Schilf und Wiesen, bis der Weg die Straße nach Geltow quert und auf der linken Straßenseite verläuft. Vorbei am Resort Schwielowsee gelangt man schließlich zur großen Kreuzung an der Havelbrücke, wo es rechts die Havel mit schönem Blick nach Geltow und auf die Insel-

Um den Schwielowsee 14

stadt Werder in Richtung Baumgartenbrück zu queren gilt. Auf der anderen Seite führt rechts eine Treppe zu dem beliebten Traditionsgasthaus am Wasser hinunter, von dem schon Fontane schwärmte.

Von Baumgartenbrück nach Caputh

km 11,6–14,5

Jetzt gibt es zwei Möglichkeiten, um nach Caputh zurückzulaufen. Entweder bleibt man auf der asphaltierten, ruhigen Straße und läuft am Wasser entlang, bis nach ca. 1,5 Kilometern rechts die Straße in Richtung Fähre abzweigt. Wenn der Erlebnishunger noch nicht gestillt ist und man noch genügend Energie hat, steigt man von der Straße kurz nach Baumgartenbrück links auf den **Franzensberg** *hinauf, wo einige Häuser in privilegierter Lage inmitten von schöner Waldlandschaft mit Seeblick stehen. Hier folgt man nun der grünen Markierung in der Linkskurve erst rechts, kurz darauf links und wieder rechts, bis der Waldweg zur Straße gelangt. Hier hält man sich rechts, läuft weiter bis zur Kreuzung und dort links zur* **Fähre** *(verkehrt Apr. Nov. 6–22, sonst Mo–Fr 6–20, Sa/So 7–20 Uhr). Mit ihr gilt es nun das kurze Stück Havel zu überqueren, das den Templiner vom Schwielowsee trennt. Am anderen Ufer angekommen, läuft man rechts auf der Uferpromenade am Wasser entlang, vorbei an Gartengrundstücken und so manchem Angler. Schließlich geht es unter der Eisenbahnbrücke hindurch und danach links zum Bahnhof Schwielowsee.*

Eine Augenweide: die Havellandschaft um Petzow

15 Kloster Lehnin
Vom Zisterzienserkloster zum Backofenmuseum

Start	Ziel	Länge	Gehzeit
Kloster Lehnin	Kloster Lehnin	14 km	4 Std.

Ausgangspunkt der Wanderung ist das Kloster Lehnin, die erste Zisterziensergründung auf märkischem Boden, die lange Zeit Begräbnisstätte der askanischen Markgrafen war. Was den gut erhaltenen romanisch-gotischen Backsteinbau zusätzlich reizvoll macht, ist seine Lage in der Lehniner Heide, wo sich ausgedehnte Laubwälder mit idyllischen Seen abwechseln. So kann man unterwegs bei entsprechendem Wetter immer wieder ins Wasser springen und an lauschigen Plätzen picknicken. Außerdem steht das Backofenmuseum auf halbem Weg im Örtchen Emstal, wo heute noch Brot gebacken wird. Danach kann der Tag bei einem Konzert der „Lehniner Musiken" ausklingen.

Seine Gründung geht auf den Traum von einer Hirschkuh zurück: Kloster Lehnin

Kloster Lehnin

Infos zur Tour

Hin- und Rückfahrt
Busbahnhof Lehnin
(Bus 554 stdl. ab Götz, bis dahin mit RE1 ab Berlin Hbf, ca. 1 Std. 20 Min; Alternative: Bus 580 ab Potsdam Hbf., Mo–Fr ca. stdl., bis dahin RE1, ca. 1 Std. 30 Min.; weitere Alternative: Bus 645 stdl. ab Beelitz Heilstätten, bis dahin RE7 ab Berlin Hbf., ca. 1 Std. 20 Min)

Streckenverlauf
Lehnin – Schampsee – Kolpinsee – Emstal – Emstaler Schlauch – Gohlitzsee – Lehnin

Streckencharakteristik
Abwechslungsreiche Wanderung auf teils sandigen Wald- und Forstwegen an vielen Seen entlang

Schwierigkeit
Einfach

Für Kinder
Ja

Beschilderung
Erst Rundweg Schampsee- und Kolpinsee mit gelbem Punkt, zeitweise keine Markierung, später Willibald-Alexis-Weg wieder mit gelbem Punkt

Baden
Viele Badestellen am Schamp-, Kolpin-, Gohlitzsee, dem Emstaler Schlauch sowie am Klostersee

Besonderheiten
Neben Sonnenschutz und Proviant sollte auch Mückenschutz ins Gepäck.

Sehenswertes
Kloster Lehnin
Besichtigung der Klosterkirche
Mo–Fr 13–16, Sa 13–17 Uhr
Zisterziensermuseum
Klosterkirchplatz 4 · (0 33 82) 76 88 42 · nur nach tel. Vereinbarung
Besucherdienst Lehnin
Klosterkirchplatz 4 · 14797 Lehnin · (0 33 82) 76 88 42 ·
www.klosterlehnin.de

Lehniner Sommermusiken
Kartenservice: (0 30) 80 90 80 70 ·
www.klosterkirche-lehnin.de

Einkehren
Ufercafé am Klostersee
Zum Strandbad 39 · 14797 Kloster Lehnin/OT Lehnin · (0 33 82) 73 41 00 · www.ufercafe.de · Do–So/Fei 12–19 Uhr (Öffnungszeiten können wetterbedingt schwanken)

Klostercafé Fiedler
Guter Konditorkuchen, Frühstück, kleine Speisen, große Auswahl an Kaffee, Tee und Schokolade.
Marktplatz 6 · 14797 Lehnin ·
(0 33 82) 3 33 · www.klostercafe-lehnin.de ·
Mo–Sa 7–18, So 13–18 Uhr,
Nov.–März ab 14 Uhr

Hotel-Restaurant Markgraf
Familiär geführter Betrieb, gute regionale Küche. Komfortable Zimmer und ein Wellnessbereich (DZ ab 94 €).
Friedensstr. 13 · 14797 Kloster Lehnin/OT Lehnin · (0 33 82) 76 50 ·
www.hotel-markgraf.de ·
tgl. 12–14.30 und 18–22 Uhr

15 Kloster Lehnin

Dorf und Kloster Lehnin

Das Dorf **Lehnin** mit seinen knapp 11 000 Einwohnern verdankt seine Existenz dem gleichnamigen Kloster, wobei es erst rund 250 Jahre später offiziell gegründet wurde. In der Zauche gelegen und von reichlich Wasser sowie Naturschutzgebieten umgeben, ist es aber auch landschaftlich überaus reizvoll. Doch der Hauptbesuchermagnet ist das **Kloster Lehnin.** An seinem Beginn stand, so erzählt Fontane, eine Hirschkuh. Markgraf Otto I. von Brandenburg soll sie, als er sich um 1180 auf einer Jagd befand, im Traum gesehen und niedergeschossen haben. Wobei die Hirschkuh für die Slawen stand, die hier lebten und die es zu besiegen galt. Daraufhin beschloss Otto, an dieser Stelle ein Kloster zu errichten. Schon 1183 begannen die ersten Zisterziensermönche mit dem Bau und es entstand eine lang gestreckte Pfeilerbasilika mit Querschiff und Nebenchören. So schlicht sie ist, gilt sie mit ihrem Kreuzrippengewölbe als Meisterwerk der norddeutschen Backsteinkunst. Der östliche Teil gehört vom Stil her noch in die Spätromanik, die westlichen Teile sind frühgotisch. Besondere Blickfänge sind das Triumphkreuz von 1230 und der Schnitzaltar von 1470. Wunderschön ist das benachbarte, wesentlich verspieltere Königshaus. Das einstige Klosterhospital entstand um 1400 in spätgotischem Stil und beeindruckt vor allem mit seinem filigranen Zierfries. Im barocken Amtshaus von 1696, in dem ein **Zisterziensermuseum** untergekommen ist, zeigt eine Dauerausstellung mit allerlei Exponaten und Dokumenten, wie der Leitgedanke der Zisterzienser, „Ora et labora" – „Bete und arbeite", in der Anlage des Klosters verankert ist. In andere Teile der Klosteranlage zog derweil das Luise-Henrietten-Stift des Diakonissenordens ein. Ein besonderes Erlebnis sind die „Lehniner Musiken", bei denen die altehrwürdigen Gemäuer zur Kulisse für sommerliche Konzerte werden.

km 0–8 Vom Kloster Lehnin nach Emstal

Vom Kloster aus, das ganz in der Nähe vom Busbahnhof liegt, läuft man auf der Kurfürstenstraße in nördlicher Richtung durch den Ort bis zu einer Linkskurve, wo es weiter geradeaus in die Neuhäuser Straße geht. Hier ist auch schon der mit gelbem Punkt markierte Rundweg Kolpinsee ausgeschildert. Er führt zum Waldrand und auf einem breiten Fahrweg in den Wald, wobei man an

Kloster Lehnin 15

15 Kloster Lehnin

einer Weggabelung rechts zum Schampsee abbiegt. Schon blitzt zwischen Bäumen das erste Gewässer auf. Von dichtem Grün umzingelt, ist es von Pflanzen bedeckt und wirkt etwas moorig. Doch lässt sich die eine oder andere Badestelle finden, wenn man sich am Südufer links hält und am Westufer entlanggeht. Hier gelangt man dem gelben Punkt folgend wenig später zum Kolpinsee. Eine Badestelle mit Bank eröffnet sogleich den Blick auf die weite Wasserfläche. Statt am Nordufer weiterzulaufen, nimmt man jetzt rechts den Pfad am Westufer entlang in südlicher Richtung, bis bald wieder rechts ein markierter Weg abzweigt, der zum Schampsee zurückführt. Hier trifft man erneut auf den alten, zuvor beschrittenen Weg und könnte auf ihm nach Lehnin zurücklaufen. Doch locken weiter südlich noch ganz andere Attraktionen. Deshalb biegt man am südlichen Ende des Schampsees noch vor der Brücke über den Schampgraben scharf links ab in einen breiten Waldweg. Hier hält man sich immer rechts und gelangt durch relativ lichten Wald mit Kiefern, Eichen und anderen Laubbäumen zu einem ehemaligen militärischen Übungsgelände mit Heidelandschaft. Nun wandert man ein Stück auf asphaltiertem Weg zu einer wenig befahrenen Straße, die man quert, und läuft schräg links auf einem Feldweg weiter nach Emstal.

1986 wurde **Emstal** als „schönes Dorf im Kreis Brandenburg" ausgezeichnet. Das ist lange her, inzwischen haben sich andere Orte weit mehr herausgeputzt. Immerhin lockt Emstal neben seiner reizvollen Lage am Emstaler Schlauch mit einem Kuriosum, das in der Region einmalig sein dürfte. Denn hier haben etwa 120 Jahre alte Lehmbacköfen die Zeit überdauert und werden noch immer an besonderen Tagen – Karfreitag, Himmelfahrt, Pfingstsonnabend, Tag der Einheit und 23. Dezember – in Betrieb genommen. In den einst 20 Öfen wurde das traditionelle Kugelbrot gebacken, das anschließend 14 Tage lang die Dorfgemeinschaft mit ihrem täglich Brot versorgte. Mehr darüber ist samstagnachmittags von 14 bis 16 Uhr im benachbarten **Backofenmuseum** zu erfahren, das im ehemaligen Konsum in der Emstaler Hauptstraße 21 ((0 33 82) 74 17 60 · Apr.–Okt. Sa 14–16 Uhr) untergekommen ist. Außerdem wird an jedem Sonntag nach Pfingsten ein großes Backofenfest gefeiert. Ansonsten muss man das Brot, das man auf dem Picknickplatz am Ort verzehren kann, selber mitbringen.

Kloster Lehnin 15

Von Emstal nach Lehnin km 8–14

*Man durchquert den Ort auf der Hauptstraße und erreicht kurz darauf ein besonders reizvolles Stück Landschaft: den **Emstaler Schlauch**, einen idyllischen Torfstichsee, der mit mehreren Badestellen zur Erfrischung einlädt. Je nach Jahreszeit sind in seiner Umgebung auch unzählige Orchideen zu finden. Wer sich sattgesehen und/oder -geschwommen hat, hält sich links auf dem Willibald-Alexis-Weg, der zunächst in Richtung Rädel führt. Vor dem Ort macht er allerdings eine scharfe Rechtskurve. Dieser folgend wandert man durch lichte Waldlandschaft, bis einen die gelbe Markierung in mehreren Linkskurven zum Gohlitzsee führt. Als hätte nicht schon genug Wasser den Weg gesäumt, lädt dieser erneut zum Baden ein. Am von Erlen gesäumten Ufer geht es dann rechts weiter in Richtung Lehnin. Auf dem rechts abzweigenden Wanderweg ist die Hirsebergstraße zu queren, weiter geht es zur Puschkinstraße und zum Waldfriedhof, wo das steinerne **Willibald-Alexis-Denkmal** endlich das Geheimnis um den Namensgeber des Weges lüftet: Der Hugenotte hat sich im 19. Jahrhundert in vieler Hinsicht hervorgetan: als Jurist, Verleger, Buchhändler, roter Revolutionär – und als Verfasser des Romans „Die Hosen des Herrn von Bredow", in dem er die Gegend um Lehnin beschreibt. Nun ist es nicht mehr weit bis Lehnin, wo man sich bald in der Friedensstraße auf der Terrasse des Hotels Markgraf Topfenstrudel, Germknödel und österreichische Schmankerln schmecken lassen kann. Ansonsten gelangt man über den Marktplatz wieder zum Klostergelände, wo man nach Besichtigung der Anlage den Tag im Café am Strandbad oder bei einem Konzert der Lehniner Sommermusiken ausklingen lassen kann.*

Ein filigraner Zierfries schmückt das einstige Klosterhospital

Bad Belzig – Rädigke

16 Von der Burg Eisenhardt zum Rundlingsdorf Rädigke

Start	Ziel	Länge	Gehzeit
Bahnhof Bad Belzig	Rädigke	13 bzw. 18 km	4 bzw. 5,5 Std.

Eine der Errungenschaften des 112. Deutschen Wandertags, der im Fläming stattfand, ist der mit Gütesiegel ausgezeichnete Burgenwanderweg. Eckpunkte der 150 Kilometer langen Stecke sind neben der Burg Eisenhardt die Burg Rabenstein, die Wiesenburg und die Bischofsresidenz Ziesar, die alle auf slawische Wehranlagen zurückgehen. Eine besonders schöne Etappe führt von Bad Belzig nach Rädigke. Neben der Burg Eisenhardt und stillen Flämingdörfern bekommt man hier alte Vierseithöfe zu sehen: die Alte Schmiede, die als stilvolles Ausflugslokal zu neuem Leben erwacht ist, und den Gasthof Moritz, der als Deutschlands erster Bibliotheksgasthof zu guter Hausmannskost und Lektüre einlädt.

Vorbildlich markiert: der zertifizierte Burgenwanderweg

Bad Belzig – Rädigke 16

Infos zur Tour

Hinfahrt
Bahnhof Bad Belzig
(RE7, stdl., ca. 1 Std. ab Berlin Hbf.)

Rückfahrt
Haltestelle Rädigke
(Bus 572, mehrmals tgl., letzter Bus um 17.48 Uhr, bis Bahnhof Bad Belzig, weiter mit der RE7, ca. 1 Std. 55 Min. bis Berlin Hbf.)

Varianten
Rückfahrtmöglichkeiten von Rädigke nach Bad Belzig sind eingeschränkt. Daher ggf. die Wanderung in Lühnsdorf beenden: Bus 555, 572 oder 592, mehrmals tgl., im Aug. letzte Rückfahrt um 17.36 Uhr, sonst letzte Rückfahrt Mo–Fr um 18.54, Sa/So um 17.36 Uhr

Streckenverlauf
Bahnhof Bad Belzig – Preußnitz – Kranepuhl – Lühnsdorf – Rädigke

Streckencharakteristik
Landschaftlich reizvolle Wanderung auf Wald- und Wiesenwegen

Schwierigkeit
Einfach, mit leichten Steigungen

Für Kinder
Ja

Beschilderung
Burgenwanderweg mit braun-weißem Symbol

Baden
Steintherme Bad Belzig
Am Kurpark 16 · 14806 Bad Belzig ·
(03 38 41) 3 88 00 ·
www.steintherme.de ·
tgl. 10–21 Uhr

Einkehren
Der Bahnhof von Bad Belzig ist nicht nur Anlaufstelle für Informationsmaterial, sondern hat auch ein hübsches Café, wo es Kaffee, Kuchen und andere Speisen gibt.

Burghotel Bad Belzig
▸ Tour 17, Seite 119

Landhaus Alte Schmiede
Liebevoll restaurierter Vierseithof mit sehr guter regionaler Küche und Jazz-, Rock- und Blues-Brunch. Auch sehr schönes Landhotel (DZ ab 98 €).
Dorfstr. 13 · 14827 Niemegk/OT Lühnsdorf · (03 38 43) 92 20 ·
www.landhausalteschmiede.de ·
Mo/Mi/Do/Fr 18–21, Sa/So 12–21 Uhr

Gasthof Moritz
Schon in der 11. Generation wird der 350 Jahre alte Vierseithof von der Familie Moritz bewirtschaftet. Gute Hausmannskost und die Spezialität des Flämings, der Klemmkuchen. Außerdem: erster deutscher Bibliotheksgasthof mit umfangreicher Flämingbibliothek (DZ mit Frühstück ab 66 €).
Hauptstr. 40 · 14823 Rädigke ·
(03 38 48) 6 02 92 · www.gasthofmoritz.de · Mo/Di/Fr 11–14 und ab 16 Uhr, Sa/So ab 11 Uhr durchgehend

16 Bad Belzig – Rädigke

km 0–4 Vom Bahnhof Bad Belzig nach Preußnitz

*Wer sich erst in **Bad Belzig** und vor allem in der **Burg Eisenhardt** umsehen will (▸ Tour 17, Seite 126), läuft vom Bahnhof aus die Bahnhofstraße hinunter und von dort weiter über die Wittenberger Straße zur Burg. Ansonsten weisen einem am Bahnhof Infotafeln den Weg links zu einer Fußgängerbrücke, auf der man die Gleise überquert, um auf der anderen Seite wieder links an den Gleisen entlang in Richtung Preußnitz zu wandern. Kleingärten wechseln sich ab mit kleinen Wäldchen. Während es gemächlich bergauf geht, gleitet der Blick über sanft gewellte weite Felder und Wiesen in die Weite des Hohen Flämings. Im weiteren Verlauf führt der Weg durch die „Steilen Kiete", eine der für den Naturpark charakteristischen **Rummeln.** Diese Trockentäler sind Relikte der Saaleeiszeit vor rund 300 000 Jahren und füllen sich nur bei starkem Regen mit Wasser. Vorbei an Koppeln und Birkenwäldchen gelangt man zum unscheinbaren Ort **Preußnitz.***

km 4–13 Von Preußnitz nach Lühnsdorf

*Man lässt den Bahnübergang nach Preußnitz links liegen und wandert rechts durch die Feldflur, wo einen im Frühjahr eine wunderbar blühende Kirschbaumallee empfängt. Auch Holunderhecken und kleine Wäldchen säumen den Weg nach **Kranepuhl,** auf dem es leicht bergauf und danach links zu einer weiteren Obstbaumallee geht. Schließlich erreicht man auf einer Feldsteinstraße das Dorf mit einem Kriegerdenkmal und einer hübschen Feldsteinkirche im Ortszentrum. An der Kirche entlang führt der Burgenwanderweg nun am Schleiereulenturm vorbei in Richtung Buchholz. Durch einen Kiefernwald gelangt man zum Klinkeberg, von dem aus schon **Lühnsdorf** zu erkennen ist. Bis man das Etappenziel erreicht, muss man mehrfach den Lühnsdorfer Bach überqueren und gelangt dann zu dem Flämingdorf, in dem eine Backsteinkirche, das einzige noch erhaltene Nachtwächterhäuschen der Umgebung und einige schöne Gehöfte die Zeit überdauert haben. Hier empfiehlt sich auch ein Abstecher in die **Alte Schmiede** an der Dorfstraße: Der liebevoll restaurierte Vierseithof mit schönem Garten hat sich in den letzten Jahren in ein beliebtes Ausflugslokal und Landhotel verwandelt, das auch zu Jazz-, Rock- oder Blues-Brunchs und Kleinkunstveranstaltungen einlädt. Nach der Verschnaufpause kann man dann noch die letzte, besonders reizvolle Etappe in Angriff nehmen.*

16 Bad Belzig – Rädigke

Der Bibliotheksgasthof lockt mit Klemmkuchen und Flämingbibliothek

km Von Lühnsdorf nach Rädigke
13–18

*An der Alten Schmiede vorbei läuft man in Richtung Niemegk und biegt nach Überqueren des Lühnsdorfer Baches rechts in einen Feldweg ein. Man folgt den Hinweisschildern in Richtung Werdermühle und nimmt anschließend den Abzweig rechts nach Raben zum Naturparkzentrum. Jetzt folgt der schönste, ca. 4 Kilometer lange Teil der Wanderung durch das romantische **Planetal**, wo die Plane, ein kleiner Bach am Waldrand, vor sich hin plätschert. Mit diesem idyllischen Anblick vor Augen erreicht man schließlich das Etappenziel Rädigke, wobei man zuletzt noch einmal links in den Mühlenweg abbiegen muss.*

Das Rundlingsdorf **Rädigke** überrascht nicht nur mit einer schönen Feldsteinkirche und einem Mufflongehege neben dem Dorfteich. Besondere Kuriosität ist der 350 Jahre alte **Gasthof Moritz,** der bereits in der elften Generation von der Familie Moritz betrieben wird. Hier werden nicht nur der flämingtypische Klemmkuchen und gute Hausmannskost serviert. Als Deutschlands erster Bibliotheksgasthof hat der Vierseithof auch eine ansehnliche Flämingbibliothek eingerichtet, in der man allerhand Lektüre findet. Die mag einem helfen, die Wartezeit bis zur Abfahrt des nächsten Busses zu überbrücken. Außerdem kann, wer sich festgelesen oder den Bus verpasst hat, hier auch gleich über Nacht bleiben.

Wiesenburg – Bad Belzig

Auf dem Kunstwanderweg durch den Hohen Fläming – Nordroute 17

Start	**Ziel**	**Länge**	**Gehzeit**
Bahnhof Wiesenburg	Bahnhof Bad Belzig	19 km	5,5 Std.

Wirklich gebirgig ist der Hohe Fläming nicht. Es sind eher sanfte Hügel, die den Reiz des Naturparks mit seinen Wiesen, Feldern, Wäldern und stillen Dörfern ausmachen. Die allein sind schon schön anzusehen. Doch seit einigen Jahren sorgen 28 Werke internationaler Künstler mit Fläming-Bezug für zusätzlichen Reiz, die entlang einer Nord- und einer Südroute in die Landschaft gestellt wurden und einen interessanten Dialog mit der Natur führen. Am Ausgangs- und Endpunkt der Wanderungen, die in beiden Richtungen unternommen werden können und auch untereinander verbunden sind, stehen zwei ganz unterschiedliche Burgen, die einen in die Geschichte des wehrhaften Flämings eintauchen lassen.

Eins der Kunstwerke entlang des Wegs, das das Thema Jagd aufgreift

17 Wiesenburg – Bad Belzig

Infos zur Tour

Hinfahrt
Bahnhof Wiesenburg
(RE7, stdl. bzw. Sa/So alle 2 Std.,
ca. 1 Std. 10 Min. ab Berlin Hbf.)

Rückfahrt
Bahnhof Bad Belzig
(RE7, stdl., ca. 1 Std. bis Berlin Hbf.)

Varianten
Nord- und Südroute sind durch Querverbindungen zwischen Hagelberg, Klein-Glien und Borne miteinander verbunden. Außerdem verkehrt entlang des Kunstwanderwegs der Rufbus 555, Mo–Fr fahrplanmäßig, Sa/So 10–17 Uhr mit Anmeldung spätestens 1 Std. vor Abfahrt unter (03 31) 7 49 14 00 (▸ vgl. auch Seite 129)

Streckenverlauf
Bahnhof Wiesenburg – Wiesenburg – Schlamau – Schmerwitz – Hagelberg – Bad Belzig – Bahnhof Bad Belzig

Streckencharakteristik
Landschaftlich reizvolle Wanderung auf Wald- und Wiesenwegen, kurze Abschnitte auf ruhigen Straßen

Schwierigkeit
Einfach, mit leichten Steigungen

Für Kinder
Nur bedingt, weil sehr lang

Beschilderung
Internationaler Kunstwanderweg mit gelb-weißem Symbol

Besonderheiten
▸ Seite 129

Information
Fremdenverkehrsverein Hoher Fläming
Infostelle mit kleinem Heimatmuseum im Schlossturm Wiesenburg.
Schlossstr. 1 · 14827 Wiesenburg ·
(03 38 49) 3 09 80 · www.wiesenburg-mark.de · tgl. 11–16, Winter bis 15 Uhr

Einkehren
Sowohl der Bahnhof von Bad Belzig als auch der von Wiesenburg bieten neben Informationsmaterial auch guten Kaffee und Kleinigkeiten zu essen.

Töpfer-Café
Das nette Café ist der Töpferei Königsblau angeschlossen. Kaffee, Kuchen und kleine Speisen mit Zutaten aus dem Bio-Garten.
Gutshof Schmerwitz 8 · 14827 Wiesenburg/OT Schmerwitz ·
(03 38 49) 30 89 30 ·
www.koenigsblau-schmerwitz.de ·
Di–Do 10–17, Fr–So bis 18 Uhr

Restaurant Wittgenstein im Burghotel
Bodenständige Küche mit frischen Zutaten in den historischen Räumen der Burg. Alternativ gibt es auch ein Café mit Schokoladenspezialitäten.
Wittenberger Str. 14 · 14806 Bad Belzig · (03 38 41) 4 50 90 ·
www.burghotel-bad-belzig.de ·
tgl. ab 15 Uhr

Eiscafé Zur Postmeile
Sehr schön sitzt es sich im Hof des Eiscafés mit hauseigener Brauerei.
Bahnhofstr. 16 · 14806 Bad Belzig ·
(03 38 41) 44 99 33 · www.eiscafe-bad-belzig.de · im Sommer tgl. ab 11 Uhr, Burgbräuhaus Sa/So ab 18 Uhr

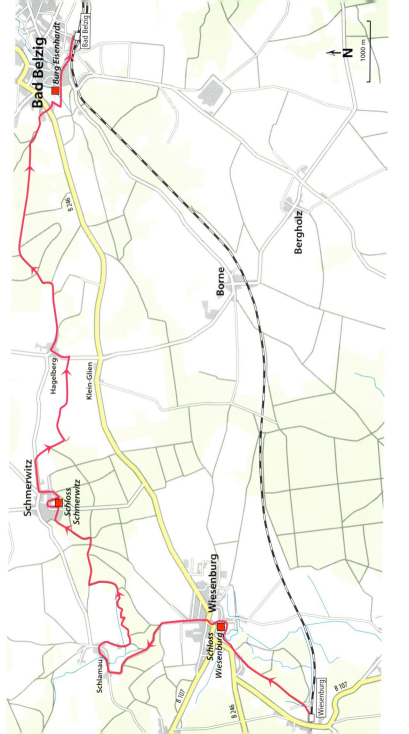

17 Wiesenburg – Bad Belzig

km 0–3 Vom Bahnhof Wiesenburg nach Wiesenburg

Vom Bahnhof Wiesenburg läuft man rechts dem Wegweiser zur Nordroute folgend in Richtung Schlosspark Wiesenburg. Gleich zu Beginn empfängt einen das „Tor zum Fläming", ein Jugendprojekt in Gestalt von mehreren Holzskulpturen. Nach ca. 300 Metern biegt man links ab und erreicht im Wald schon das zweite Kunstwerk. „Von Liebe und Sinnen" heißen die leicht zu übersehenden, auf dem Boden angeordneten weißen Keramikschildchen mit altmodischen Aufschriften wie „Sinn für Ideales", „Einheitssinn" oder „Sinn der Verehrung", die wie Pilze aus dem Laub ragen. Statt geradeaus weiterzulaufen, geht man nun rechts und kurz darauf wieder links auf einem schönen Rhododendron-Weg durch den Wald und weiter in den Schlosspark. Vorbei an einem kleinen Teich quert man die Brücke und läuft direkt auf das Schlossgebäude zu.

Schloss Wiesenburg, das zunächst als Burg erbaut wurde, blickt auf eine mehr als 850-jährige Geschichte zurück. 1161 erstmals erwähnt, haben sich von der ursprünglichen Anlage Teile des Torhauses, des mächtigen Bergfrieds sowie der Ringmauer er-

Die Wiesenburg erstrahlt heute im Stil der Neorenaissance

halten. Im 15. Jahrhundert wurde die Burg zum repräsentativen Wohnsitz ausgebaut, danach erhielt sie in der Zeit des Schlossherrn Curt Friedrich Ernst von Watzdorf ihre heutige Gestalt im Stil der Neorenaissance. Es lohnt, die Treppen zur Terrasse hinaufzusteigen, um den Blick auf den schönen **Schlosspark** mit Teich und Fontäne zu genießen. Die 150 Jahre alte Parkanlage ist eine besondere Perle, denn von Watzdorf, Forstwirt und Pflanzenliebhaber, hat von seinen vielen Reisen allerlei Edelhölzer mitgebracht und in einer Pflanzenschule kultiviert. So prägen heute bis zu 300 Jahre alte Eichen und Buchen neben exotischen Gehölzen den Schlosspark. Das Schloss selber wird von Privatleuten genutzt, doch wie der Park ist auch das **Torhaus** mit **Touristinformation** und kleinem **Museum** (Sommer tgl. 11–16, Winter tgl. 11–15 Uhr) für Besucher zugänglich. Außerdem kann der Turm bestiegen werden. Mitunter darf man auch einen Blick in den Schlosshof werfen, ansonsten finden am Wochenende Führungen statt. Gleich daneben lädt Simones Parkcafé zur Kaffeepause mit hausgemachtem Kuchen ein. Danach bietet sich noch ein kleiner Abstecher zur hübschen Feldsteinkirche aus dem 13. Jahrhundert mit bemalter Holzdecke an, die rechts vom Schloss liegt.

Ungewöhnliche Werke wie dieses Paar Stiefel baumeln am Rand des Kunstwanderwegs

Von Wiesenburg nach Schlamau

Der Weg führt rechts um das Schlossgebäude herum; an der Schlossschänke vorbei gelangt man in die Schlossstraße, wo linker Hand der Schlossturm liegt. Man läuft weiter geradeaus zur Friedrich-Ebert-Straße, folgt rechts dem Straßenverlauf und läuft in der nächsten Kurve auf der linken Straßenseite weiter geradeaus in die Schlamauer Straße, die zwischen den letzten Häusern aus dem Ort hinausführt. An der Weggabelung wandert man weiter geradeaus, an einem kleinen Steinrondell vorbei auf kopfsteingepflasterter Straße auf ein Wäldchen zu. Hier wartet schon das nächste Kunstwerk, „Unverhoffte Begegnung zweier Stiefel mit der Großen Rummel – Lob der Wanderschaft", in Form von zwei abgetragenen, ver-

km
3–5,5

17 Wiesenburg – Bad Belzig

Im Fläming schweift der Blick immer wieder über weite Felder

*goldeten Stiefeln, die in einem Glaskasten baumeln. Sie markieren die Weggabelung, an der es nun links in schönen Wald mit hohen Buchen hinuntergeht. So wandert man eine Weile auf und ab, bis sich der Wald lichtet und man rechts geradewegs nach **Schlamau** kommt.*

km 5,5–10,3 Von Schlamau nach Schmerwitz

Am Ortseingang empfängt einen links ein Metallkäfig in Gestalt eines der für den Fläming typischen Findlinge am Wegrand – ein Werk des Künstlers Hartmut Renner aus Sachsen-Anhalt. In Schlamau läuft man erst geradeaus, dann rechts am Feuerlöschteich, dem Eulenturm und der Gaststätte Zur feuchten Quelle vorbei durch den stillen Ort, bis nach dem Vorfahrtsschild die Hinweisschilder rechts nach Schmerwitz weisen. Durch Wiesen geht es wieder in Richtung Wald, wo man sich an der ersten Abzweigung nach ca. 500 Metern links hält. An der nächsten T-Kreuzung geht es an einer Bank mit Schautafel wieder links durch lichten Kiefern- und Mischwald. Den Wegweisern folgend wandert man weiter bis zum Waldrand, wo der Blick über das „Pflanzenlabyrinth" aus Beton von Jahna Dahms hinweg in die weite Fläminglandschaft gleitet. Hier führt jetzt rechts ein bequemer Weg durch hohen Kiefern-, später auch wieder Mischwald, wobei man sich an der Abzweigung wieder links hält. An einem überdachten Picknickplatz vorbei läuft

Wiesenburg – Bad Belzig **17**

man nun weiter nach Schmerwitz. Die Hinweisschilder weisen einen etwas umständlich durch die ganz unterschiedliche Bebauung der Gegend, in der Plattenbauten mit dem alten, noch in der Restaurierungsphase befindlichen Schloss kontrastieren. Am Schlossgarten und an Backsteinhäusern entlang geht es links in spitzem Winkel um das Schloss herum. Vor dem Gebäude zweigt rechts der Wiesenweg ab, der an der Kirche vorbei und dort wieder rechts verläuft. Unterwegs kann man im **Töpfer-Café** *eine Ruhepause einlegen und von der schönen blauen Keramik speisen, die der Verein Synanon im Gutshof Schmerwitz herstellt. Mitunter finden im Garten auch kleine Konzerte statt.*

Von Schmerwitz nach Hagelberg
km 10,3–13,5

Danach hält man sich links und läuft an der Straße nach Hagelberg an Volkmar Haases Skulptur „Schwebend" vorbei aus dem Ort hinaus. Man bleibt auf der Straße (statt links in den Burgenwanderweg abzuzweigen!), bis nach ca. 1 Kilometer rechts eine idyllische Baumallee abzweigt. Bald fällt links der Blick auf den noch wenige Kilometer entfernten Hagelberg, der mit 200 Metern eine der höchsten Erhebungen Brandenburgs ist. Nun wandert man links an Sebastian Davids „Wandlungen zwischen Wunderpunkten" mit dem Gedicht „an einen stein" vorbei. Bald darauf geht es wieder rechts und nochmals links an Wolfgang Buntrocks und Frank Nordieks „Wasserfall für den Fläming" entlang, immer auf dem Feldweg mit Blick in die Weite, bis links die Straße nach Hagelberg abzweigt. Würde man hier rechts weiterlaufen, gelangte man über Klein-Glien zur Südroute des Kunstwanderwegs. Links ist indessen nach 300 Metern der kleine Ort erreicht, in dem man rechts den Wegweisern nach Bad Belzig folgt.

So unscheinbar **Hagelberg** anmutet – davon abgesehen, dass sich hier mit dem 200 Metern hohen Hagelberg eine der höchsten Erhebungen Brandenburgs befindet, ist der Ort durchaus geschichtsträchtig. Fand hier doch 1813 während der Befreiungskriege gegen Napoleon die berühmte Schlacht von Hagelberg statt. Am 27. August traf ein preußisches Kontingent auf ein französisches Korps, das die Soldaten vor allem mit Bajonetten bekämpften, da ihnen das Pulver feucht geworden war. Schließlich konnten russische Kosaken die Schlacht zugunsten Preußens entscheiden.

17 Wiesenburg – Bad Belzig

km 13,5–18,4

Von Hagelberg nach Bad Belzig

Hinter den letzten Häusern führt der Weg durch eine Apfelbaumallee an der „Steinschlange", einer Skulptur von Victor Bisquolm, vorbei zu einem herrlichen kleinen Aussichtspunkt – vom Picknickplatz aus fällt der Blick auf die Skulptur „Die Jagd" mit einem vom Hund gejagten Hirsch aus erdgestaltetem Beton, mit der sich Jörg Schlinke ironisch mit dem Phänomen Jagd auseinandersetzt. Vorbei an einer Schutzhütte läuft man nun links durch den lichten Wald, passiert noch das Kunstwerk „Unter Kiefern" von Susken Rosenthal, das sich zwischen Bäumen versteckt, sowie das „Intermezzo" von Susanne Ruoff und erreicht auf einem Sandweg die ersten Gartenhäuser von Bad Belzig. Hier folgt man links dem Wegweiser auf einen schmalen Pfad, der an der Elsbeeren-Pflanzung vorbei ins Zentrum des Kurorts führt. Man quert die B 246, geht auf schmalem Weg geradeaus weiter zur Lübnitzer Straße, folgt dem Wegweiser der Burg Eisenhardt zum Kämmererweg, der rechts zu einer schönen Baumallee hinunterführt. Schließlich geht man beim „Chronometrischen Relief" von Siegfried Krepp rechts im Bogen um die mächtige Wehranlage herum und steigt an der Holzskulptur „Die weiße Frau" von Carsten Tarrach links zur Burg hinauf. Oben angekommen lädt das Burgmuseum zur Besichtigung, auch der Burgfried kann bestiegen werden. Außerdem lässt sich bei einem Kaffee oder kühlen Bier die Aussicht auf das Fläming-Städtchen genießen.

Mehr als 1 000 Jahre alt ist das Städtchen **Bad Belzig,** das sich mit seinen roten Dächern in die Landschaft des Hohen Flämings schmiegt. 997 erstmals urkundlich erwähnt und im 12. Jahrhundert von Flamen besiedelt, erhielt es 1702 Stadtrecht. Heute ist es mit seinem Solebad, der **Steintherme** und diversen Kurbetrieben ein viel besuchter Erholungsort. Hauptattraktion ist die mächtige **Burg Eisenhardt,** die mit Ringmauer und Rundtürmen auf einem Hügel über der Stadt thront. Hart gegen Eisen musste sie sein, schließlich war sie immer wieder hart umkämpft – von Slawen, Askaniern, Hussiten oder Schweden. Mal gehörte sie der Markgrafschaft Meißen, mal dem Erzbistum Magdeburg, bis sie 1815 zu Preußen kam. So trutzig sie aussieht – im Dreißigjährigen Krieg wurde sie dennoch zerstört und erst später wieder aufgebaut. Einziger Überrest des einstigen Gebäudes ist der 24 Meter hohe Bergfried aus Granitquadern, im Volksmund „Butterturm" genannt, der ein schönes Panorama bietet. Durch das Torhaus mit spätgotischem Zellengewölbe gelangt man ins Burginnere, wo neben einem Hotel die Stadtbibliothek und ein **Heimatmuseum** untergekommen sind, das mit einem Diorama die Schlacht bei Hagelberg gegen Napoleon im Jahr 1813 nachstellt (Mi–Fr 13–17, Sa/So/Fei 10–17 Uhr). Außerdem laden viele andere Exponate zur Zeitreise ein, während in einem anderen Gebäudeteil, in den **Kunsträumen Burg Eisenhardt** (Mi–Fr 11–17, Sa/So 11–18 Uhr), die Werke zeitgenössischer Künstler zu sehen sind. In der historischen Altstadt haben indessen die romanische Stadtkirche St. Marien aus dem 13. Jahrhundert mit wertvoller Papenius-Orgel, das Rathaus im Renaissancestil sowie das Reißiger-Haus überdauert, ein schönes Fachwerkhaus aus dem Jahr 1728, in dem der Musiker und Komponist Carl Gottlieb Reißiger geboren wurde. Der Weg zum Bahnhof führt außerdem an der Sächsischen Postmeilensäule vorbei, die die Initialen von August dem Starken trägt.

Von der Burg Eisenhardt zum Bahnhof Bad Belzig

km 18,4–19

Um zum Bahnhof zu gelangen, steigt man von der Burg zur Wittenberger Straße hinunter und läuft links in Richtung Stadtzentrum. Kurz darauf geht es rechts am Eiscafé Zur Postmeile und der Sächsischen Postmeilensäule vorbei die Bahnhofstraße hinauf und weiter zum Bahnhof.

Hart gegen Eisen war die Burg Eisenhardt – und wurde trotzdem zerstört

Bad Belzig – Wiesenburg

18 Auf dem Kunstwanderweg durch den Hohen Fläming – Südroute

Start	Ziel	Länge	Gehzeit
Bahnhof Bad Belzig	Bahnhof Wiesenburg	16,5 km	4,5 Std.

Die Südroute des Kunstwanderwegs durch den Hohen Fläming ist mit 16,5 Kilometern etwas kürzer als die Nordroute. Die Strecke führt unter anderem über Borne, wo neben einem Gasthaus eine hübsche Feldsteinkirche steht. Wie auf der Nordroute wurde auch für die Kunstwerke an dieser Strecke ein Wettbewerb ausgeschrieben. Thema war die Besiedelung des Flämings durch Flamen vor 850 Jahren. An dem Wettbewerb konnten sich Künstler und Künstlerinnen aus Flandern und dem Fläming beteiligen. Es wurden jeweils sechs Kunstwerke ausgewählt und an der Südroute aufgestellt.

Das Erlebnis der Weite ist ein reizvoller Kontrast zu den originellen Kunstwerken

Bad Belzig – Wiesenburg 18

Infos zur Tour

Hinfahrt
Bahnhof Bad Belzig
(RE7, stdl., ca. 1 Std. ab Berlin Hbf.)

Rückfahrt
Bahnhof Wiesenburg
(RE7, stdl. bzw. Sa/So alle 2 Std.,
ca. 1 Std. 10 Min. bis Berlin Hbf.)

Varianten
▸ Tour 17, Seite 120

Streckenverlauf
Bahnhof Bad Belzig – Burg Eisenhardt – Borne – Wiesenburg – Bahnhof Wiesenburg

Streckencharakteristik
Landschaftlich reizvolle Wanderung auf Wald- und Wiesenwegen sowie kurze Abschnitte auf ruhigen Straßen

Schwierigkeit
Einfach, mit leichten Steigungen

Für Kinder
Nur bedingt, weil relativ lang

Beschilderung
Internationaler Kunstwanderweg mit gelb-weißem Symbol

Besonderheiten
Der **Kunstwanderweg** ist das Ergebnis zweier Kunstwettbewerbe in den Jahren 2007 und 2010, an denen sich Künstler aus Deutschland und Flandern beteiligten. Flamen wurden deshalb dazu eingeladen, weil der Hohe Fläming vor rund 850 Jahren systematisch mit Flamen besiedelt wurde. Die Künstler haben 28 ganz unterschiedliche Skulpturen mit Bezug zur Region geschaffen, die entlang der Nord- und Südroute des Kunstwanderwegs platziert wurden. Wer mehr über die einzelnen Objekte erfahren will, kann sich in der Touristinformation Bad Belzig (Marktplatz 1 · (03 38 41) 9 49 90) oder im Bahnhof Bad Belzig einen **Audioguide** für insgesamt 56 Hörpunkte ausleihen oder ihn unter www.kunst-land-hoher-flaeming.de herunterladen. Der Sprachforscher Dr. Konrad Büchner hat diesen sehr amüsant gestaltet.

Einkehren
Sowohl der Bahnhof von Bad Belzig als auch der von Wiesenburg betreiben ein Café.

Pension & Café Landei
Zumindest am Wochenende (sonst ggf. auf Nachfrage) kann man in dem hübschen, denkmalgeschützten Fachwerkhaus oder im Garten eine Kaffeepause einlegen – und sich einmieten.
Hermann-Boßdorf-Str. 34 · 14827 Wiesenburg · (0 15 77) 6 13 17 80 · www.landei-wiesenburg.de · Sa/So 14–18 Uhr

Schlossschänke Zur Remise
Im ehemaligen Kutschstall wird eine originelle, regionale Küche auch mit veganen Gerichten serviert. Mitunter gibt es auch Kulturveranstaltungen und Krimi-Dinner.
Schlossstr. 2a · 14827 Wiesenburg · (03 38 49) 50 00 95 · www.schlossschaenke-wiesenburg.de · Mai–Okt. Do–Di 11.30–21, Winter Mo/Di/So 11.30–17, Fr/Sa bis 21 Uhr

18 Bad Belzig – Wiesenburg

km	Vom Bahnhof Bad Belzig zur Burg Eisenhardt
0–1,5	

Die Tour beginnt am Bahnhof von Bad Belzig, wo man links ein kurzes Stück die Bahnhofstraße hinunterläuft. Gleich darauf geht es links über eine Brücke und auf der anderen Seite der Gleise wieder rechts weiter, bis links das erste Kunstwerk, „Axis Mundi 2" von Jens Kanitz, auftaucht. Man lässt die Himmelssäule mit ihren fünf roten Holzkugeln an schwarzem Strang links liegen und nimmt den schmalen Wiesenweg, der rechts abzweigt und am **Roger-Loewig-Haus** vorbeiführt. Die Gedenkstätte mit Museum zeigt eine Dauerausstellung über den Maler, Zeichner und Dichter Roger Loewig, der hier wohnte, bis er 1972 die DDR verließ und ein umfangreiches Werk hinterließ (Flämingweg 6 · (03 38 41) 4 21 67 · Mitte März–Mitte Okt. Sa/So 14–17 Uhr). Danach geht es weiter an Gartengrundstücken vorbei, kurz darauf führt rechts ein schmaler Pfad mit schönem Blick über Bad Belzig bergab. Unter einer Bahnunterführung hindurch gelangt man wieder zur Bahnhofstraße. Etwas weiter unterhalb steht rechts die alte Sächsische Postmeilensäule, links führt die Wittenberger Straße zur **Burg Eisenhardt.**

km	Von der Burg Eisenhardt nach Borne
1,5–7,5	

Von der Straße aus läuft man die Auffahrt hinauf, nimmt sich mehr oder weniger Zeit für eine Besichtigung der Anlage und steigt dann die Treppen und den schmalen Pfad hinunter, der vor dem Gebäude links um die Mauer herumführt. Unten angekommen trifft man auf die Nordroute, daneben wartet schon das nächste Kunstwerk, „Die Weiße Frau" von Carsten Tarrach. An ihr vorbei wandert man durch Sumpfwiesen bis zu einer asphaltierten Straße, quert diese und läuft weiter im Linksbogen am nächsten Kunstwerk, den „Sphären" von Marie-Christine Blomme, vorbei. An der nächsten Abzweigung hält man sich links und erreicht der Markierung folgend das „Flämische Haus – eine Transplantation" von Birgit Cauer, das dort zwischen Bäumen mit seinen farbigen Schläuchen hervorlugt. Danach geht es rechts weiter durch lichten Kiefernwald in Richtung Borne. An der Lichtung führt der Weg weiter geradeaus an Feldern entlang zum „Gartenbild" von Jost Löber. An der T-Kreuzung, wo der Abzweig zur Nordroute führt, hält man sich links und an der nächsten Abzweigung wieder rechts, um auf Holzbohlentreppen auf einem schmalen Waldpfad weiterzulaufen. An der asphaltierten Straße nach Borne angekommen, folgt man dieser

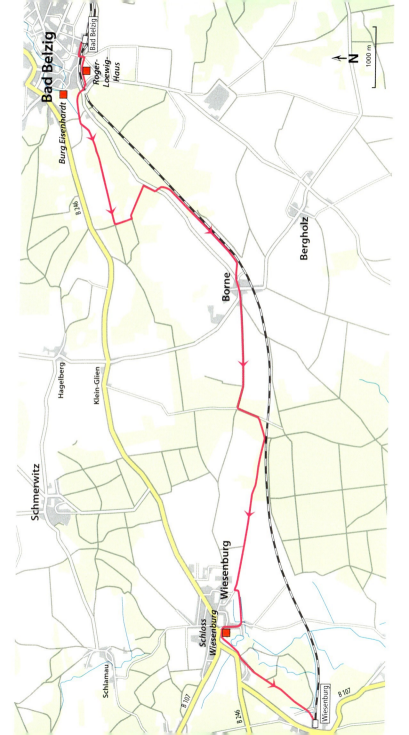

ein kurzes Stück, dann zweigt auf der anderen Straßenseite links wieder ein schöner Feldweg ab. Vorbei an Egidius Knops' „Schwarzstorch im Fläming" und Karl Menzens „Fünf Kuben" geht es immer an den Bahngleisen entlang, zuerst durch lichten Kiefernwald, bis der Blick über weite Felder nach **Borne** schweift.

Von Borne nach Wiesenburg

km 7,5–13,5

Man durchquert den Ort, läuft an der schönen Feldsteinkirche, dem Kunsthof sowie dem Kunstwerk „Line Up" von John Walraevens vorbei und immer weiter geradeaus (nicht dem Rechtsbogen der Straße folgen!) aus dem Ort hinaus. Auf mit Kopfstein gepflasterter Straße führt die Strecke geradeaus an Feldern vorbei, dann an einem Waldrand und dem Kunstwerk „Stützen" von Guy van Tendeloo entlang in den Wald. An einer großen Kreuzung mit Schutzhütte zweigt rechts der Weg zum 2,8 Kilometer entfernten Klein-Glien und zur Nordroute ab. Doch führt die Südroute jetzt links weiter in Richtung Wiesenburg. Dem Waldweg folgend gelangt man zu einer Eisenbahnbrücke – mit der die umgekehrte „Ruhende Brücke" aus Steinen von Hannes Forster korrespondiert. Hier läuft man nun rechts an der Brücke vorbei und weiter zum „Porzellanbaum" von Barbara Vandecauter, der sich rechts zwischen Bäumen versteckt. Nächste Station sind die sehr gelungenen vier „Wölfe" aus Draht von Marion Burghouwt, die sich wieder

Nicht nur Kunstwerke, auch eine stattliche Feldsteinkirche liegt auf der Route

Bad Belzig – Wiesenburg **18**

Schwarz-weiß gefleckte Bälle, die an Euter erinnern: ein Beitrag der Künstlerin Silke De Bolle, dem ein Wortspiel zugrunde liegt

rechts des Wegs im Wald tummeln. Von hier aus geht es nun immer geradeaus durch Felder in Richtung Wiesenburg. Kurz vor dem Ort fallen schwarz-weiß gefleckte, an Euter erinnernde Skulpturen ins Auge – ein witziger Beitrag der Künstlerin Silke De Bolle unter dem Motto „(K)uier(en) – Spazierengehen", die hier mit dem niederländischen Wort „uier" für „Euter" und „Kuieren" für „Spazierengehen" spielt. Jetzt kommt man links im Bogen zu den ersten Häusern von **Wiesenburg,** *wobei am Dorfteich gleich noch die weiße „Kapelle" von Ute Hoffritz aus dem Wasser ragt.*

Von Wiesenburg zum Bahnhof Wiesenburg

Vorbei an der schönen **Feldsteinkirche** *läuft man zur Schlossstraße und weiter zum Schloss (▸ Tour 17, Seite 119). Wer will, kann einen Blick in das kleine Museum werfen, den Turm besteigen und den Innenhof in Augenschein nehmen. Ansonsten hält man sich links und läuft an der Schlossschänke vorbei rechts um das* **Schloss** *herum in den Schlosspark, wo am Blumenparterre der Weg links zwischen den Teichen hindurch geradeaus in den Wald führt. Ganz zuletzt geht es rechts durch den kleinen Rhododendron-Wald zu dem Kunstwerk „Von Liebe und Sinnen" von Josefine Günschel und Roland Albrecht, dann wieder links und schließlich rechts weiter zum Bahnhof Wiesenburg.*

km 13,5–16,5

19 Heiligengrabe
Durch die Prignitz pilgern auf dem Annenpfad

Start	Ziel	Länge	Gehzeit
Bahnhof Heiligengrabe	Bahnhof Heiligengrabe	22 km	5 Std.

Nicht nur auf dem Jakobsweg, auch auf dem 2011 rekonstruierten und gut markierten Annenpfad kann man durch Brandenburg pilgern. So lässt sich auf den Spuren der heiligen Anna die weitgehend flache und eher herbe Prignitzlandschaft mit weiten Feldern, Wiesen und Wäldern erkunden. Höhepunkt der Wanderung ist neben Stationen in der Wallfahrtskirche von Alt Krüssow und der Dorfkirche von Bölzke das Kloster Stift zum Heiligengrabe. 1287 entstanden, ist es die einzige vollständig erhaltene Zisterzienserinnen-Klosteranlage Brandenburgs mit sehenswerter Klosterkirche, Heiliggrabkapelle, Kreuzgang, Museum und weiteren Gebäuden, in denen ein Damenstift untergekommen ist.

Vorbildlich markiert: der Wanderweg, der auf die Spuren der heiligen Anna führt

Heiligengrabe

Infos zur Tour

Hin- und Rückfahrt
Bahnhof Heiligengrabe
(RE6 ab Berlin-Spandau, stdl., ab Spandau ca. 2 Std. Oder RE 6 ab Hennigsdorf, stdl., nach Hennigsdorf mit der S25. Ab S-Bhf. Friedrichstraße via Hennigsdorf ca. 1 Std. 50 Min.)

Streckenverlauf
Bahnhof Heiligengrabe – Wilmersdorf – Alt Krüssow – Bötzow – Kloster Heiligengrabe – Bahnhof Heiligengrabe

Streckencharakteristik
Landschaftlich nicht sehr abwechslungsreiche, aber trotzdem reizvolle Wanderung auf ruhigen Wald- und Feldwegen

Schwierigkeit
Einfach, aber lang

Für Kinder
Nein

Beschilderung
Lokale Ausschilderung, Feldsteine mit schwarzer Schrift auf weißem Grund

Besonderheiten
Auf der relativ langen Strecke gibt es keine Einkehrmöglichkeiten. Insofern sollte man sich mit genügend Proviant eindecken. Wer einen Pilgerpass erwerben will, muss vorher in die Touristinformation auf dem Klostergelände und sich anschließend die verschiedenen Stationen abstempeln lassen.

Information
Touristinformation im Kloster Stift zum Heiligengrabe
Das Klostergelände ist frei zugänglich. Das Museum im Stiftshauptstaus mit Klosterladen öffnet Apr.–Okt. Di–So 11–17, März/Nov./Dez. Di–So 11–16, Feb. Sa/So 11–16 Uhr,
Führungen Feb. Sa/So 14 Uhr, März–Dez. Do–So 14 Uhr.
Andachten und Mittagsgebete finden Mo–Fr um 12 (Mai–Sep. zusätzlich Sa um 12), zudem Mo um 8 und Fr um 18 Uhr in der Heiliggrabkapelle statt.
Außerdem werden über das Jahr verteilt viele Konzerte veranstaltet.
Klosterhof Mo–Sa 10–22, So 10–18 Uhr
Stiftsgelände 1 · 16909 Heiligengrabe · (03 39 62) 80 80 ·
www.klosterstift-heiligengrabe.de

Tourismusverband Prignitz
Großer Markt 4 · 19348 Perleberg · (0 38 76) 30 74 19 20 ·
www.die-prignitz.de

Einkehren
Zum Erbhof
Da das Hotel Klosterhof zurzeit geschlossen ist, ist dieses Hotel-Restaurant die einzige Alternative am Ort. Dabei wird die saisonale, regionale Küche leider nur auf Anfrage serviert. Wer sich in den Hotelzimmern einmietet, bekommt aber zumindest ein Frühstück (DZ ab 70 €).
Wittstocker Str. 11 ·
16909 Heiligengrabe ·
(03 39 62) 5 09 03 ·
www.hotel-heiligengrabe.de

19 Heiligengrabe

km 0–10 Von Heiligengrabe nach Alt Krüssow

Die Tour beginnt am Bahnhof Heiligengrabe, wo gleich die Markierung auftaucht, die den Weg vorbildlich kennzeichnet: ein weiß bemalter Findling, auf dem in schwarzer Schrift „Annenpfad" steht. Dem folgt man auf eine kleine Straße und läuft dann rechts auf einem von Bäumen gesäumten Feldweg weiter. Schon schweift der Blick in die Weite der flachen Prignitzlandschaft, bis Wilmersdorf auftaucht. Hier macht der Weg einen kleinen Abstecher zur hübschen Fachwerkkirche im Dorfzentrum, dann geht es immer weiter geradeaus auf Feld- und Wiesenwegen. Bald ist in der Ferne schon der nächste Kirchturm zu sehen: die spätgotische Hallenkirche von Alt Krüssow. Beim Näherkommen – im Ort zweigt der Weg vom Wilmersdorfer Weg rechts auf die Dorfstraße ab – erkennt man nicht nur den reich verzierten, rot-weißen Stufengiebel, es wird einem auch das Ausmaß des Sakralbaus bewusst.

Wozu der kleine Ort **Alt Krüssow** mit nur 105 Einwohnern ein so großes Gotteshaus braucht, erklärt eine Infotafel vor der **Wallfahrtskirche:** 1520 geweiht, war das aus Feld- und Backsteinen bestehende Gebäude einer der letzten großen Kirchenbauten vor der Reformation und bedeutendes Pilgerziel. Angezogen wurden die Wallfahrer durch eine Reliquie: kein Knochen, auch keine Hostie wie anderswo, vielmehr der Rock der heiligen Anna. Wie er hierhergelangt ist, darüber lässt sich nur spekulieren, und Roswitha Schick, die auf Wunsch mit großem Schlüssel die Kirchentür öffnet, kann so manche Legende dazu beisteuern. In jedem Fall war die heilige Anna im Spätmittelalter eine der beliebtesten Heiligen, Schutzpatronin der Zünfte und Händler, zugleich der Frauen und Mütter, Bergleute und Knechte. So konnte fast jeder auf ihre Hilfe hoffen, entsprechend viele Menschen pilgerten nach Alt Krüssow. Noch im 18. Jahrhundert sollen Wallfahrer „schockweise" Krücken in der Kirche hinterlassen haben, wobei ein Schock jeweils 60 Stück beinhaltete. Dabei versuchte man schon nach der Reformation dem Treiben ein Ende zu machen und brachte die Reliquie nach Berlin – wo sie womöglich heute im Magazin des Stadtmuseums schlummert. Auch der bedeutende spätgotische Flügelaltar von 1520 ist inzwischen in der Pfarrkirche von Pritzwalk untergekommen. Immerhin hat sich in der Seitenkapelle ein Schnitzaltar aus der Zeit um 1470/80 mit Darstellung der heiligen Anna

19 Heiligengrabe

erhalten. Schön anzusehen ist auch das ausgemalte Kreuzgewölbe. Inzwischen geht die Sanierung des Gebäudes weiter voran – der Förderverein ist aber noch auf viele Spenden angewiesen. Ansprechpartnerin für die Besichtigung ist Frau Roswitha Schick ((0 33 95) 30 30 07).

Von Alt Krüssow nach Bölzke
km 10–18

Man kehrt auf der Dorfstraße zum Pilgerweg zurück und folgt den Wegweisern rechts aus dem Ort heraus in Richtung Bahndamm. Hier muss man aufpassen, dass man nicht den Abzweig verpasst, der gleich nach dem Bahnübergang scharf nach links führt. Eine Weile verläuft der Feldweg an den Gleisen entlang, dann zweigen rechts mehrere Wege ab. Hier nimmt man den ganz rechten, die Baumallee. An einem Wäldchen vorbei wandert man bis zur Bundesstraße 189, überquert sie und gelangt in schönen Kiefernwald, bis die Markierung wieder nach rechts weist. Wenig später kommt man im Rundlingsdorf Bölzke an.

Mitten in **Bölzke** steht die Dorfkirche, ein schlichter Fachwerkbau von 1825 mit Dachtürmchen. Hier ist dem Förderverein die vorbildliche Restaurierung bereits gelungen, wobei sich aus dem Vorgängerbau der Kirche ein von Meister Groth signierter Kanzelaltar von 1764 erhalten hat. Herausgeputzt ist auch das Umfeld: Open-air informieren Stellen über das Thema Pilgern. Aus einer alten Telefonzelle ist eine Bücherzelle geworden, in der man sich mit allerhand Lesbarem versorgen kann. Außerdem laden neben einem Steinlabyrinth Tische und Bänke zum Picknicken ein. Wer die Kirche von innen sehen will, wendet sich an Frau Gloger (Bölzker Str. 18 · (0 33 95) 30 99 65 bzw. (01 73) 9 17 63 13) oder Herrn Boué (Bölzker Str. 10 · (0 33 95) 30 97 07)).

Von Bölzke nach Heiligengrabe
km 18–22

Für die letzte Etappe begibt man sich auf der ausgeschilderten Baumallee in Richtung Wald und folgt am Waldrand dem Hinweis nach links, der wiederum durch dichten Kiefernwald zur B 189 zurückführt. Man überquert die Bundesstraße, geht etwa 100 Meter an Siedlungshäusern entlang, bis einen Wegweiser rechts an dort grasenden schwarzen Galloway-Rindern vorbei zurück zum Klostergelände leiten. Jetzt kann, wer frühzeitig genug ankommt, ei-

Heiligengrabe

Von Frauen geführt, hat sich das Kloster Stift zum Heiligengrabe gut erhalten

nen Blick ins Museum werfen, das Klostergelände besichtigen und sich anschließend die hervorragende Küche des Hotels Klosterhof schmecken lassen, bevor es hinter dem Klostergelände ein Stück an der Straße entlang und dann rechts auf schmalem Pfad zum Bahnhof geht.

1287 gegründet, ist das **Kloster Stift zum Heiligengrabe** das einzige vollständig erhaltene Zisterzienserinnenkloster in Brandenburg und eine einzigartige Anlage mit Klosterkirche, Heiliggrabkapelle und Kreuzgang. Nach der Reformation wurde das Kloster evangelisch und schließlich von Friedrich dem Großen zum Damenstift mit Äbtissin erhoben. Bis ins 18. Jahrhundert hinein kamen hier Edeljungfrauen unter und sorgten für den Erhalt der Gebäude. Besonders schön ist die **Heiliggrabkapelle,** ein einschiffiger Backsteinbau mit schönem Staffelgiebel und einem wunderbaren Kreuzrippengewölbe im Inneren. Hier finden regelmäßig Andachten statt. Im Stiftshaupthaus, einem spätklassizistischen Bau von 1838, gibt indessen das **Museum** Einblick in die mehr als 700-jährige Geschichte des Klosters, das heute von einer Gemeinschaft von Frauen bewohnt und gepflegt wird. Sie kümmern sich auch um den Klosterladen, der allerlei schöne Dinge bereithält. Außerdem werden hier Fasten-, Meditations- oder Tanzwochen veranstaltet.

Lindow – Gransee

20 Vom lieblichen Lindow zum Luisendenkmal in Gransee

Start	Ziel	Länge	Gehzeit
Bahnhof Lindow	Bahnhof Gransee	15 km	4 Std.

„Lindow ist so reizend wie sein Name. Zwischen drei Seen wächst es auf und alte Linden nehmen es in ihren Schatten", schrieb Fontane. Tatsächlich ist das Städtchen, das sich mit seiner romantischen Klosterruine in eine liebliche Landschaft aus Wasser, Wäldern und sanften Hügeln schmiegt, schön anzusehen – und idealer Ausgangspunkt zum Wandern. Diese besonders lohnenswerte Tour führt an Schloss Meseberg, dem Gästeschloss der Bundesregierung und dem idyllischen Huwenowsee vorbei nach Gransee, wo Schinkels Luisendenkmal an Preußens beliebteste Königin erinnert.

Prachtvoller Rahmen für Verhandlungen: das Gästeschloss der Bundesregierung in Meseberg

Lindow – Gransee 20

Infos zur Tour

Hinfahrt
Bahnhof Lindow
(RB54 mehrmals tgl. ab Löwenberg,
bis dahin RE5, ca. 1 Std. 20 Min. ab
Berlin Hbf.)

Rückfahrt
Bahnhof Gransee
(RE5, stdl., ca. 50 Min. bis Berlin Hbf.)

Streckenverlauf
Lindow – Gransee

Streckencharakteristik
Landschaftlich abwechslungsreiche
Tour auf Waldwegen und -pfaden mit
mehreren Seen, teils auch auf Hartbelag

Schwierigkeit
Einfache Wanderung mit leichten
Steigungen

Für Kinder
Ja

Beschilderung
Erst grüner, dann roter Querstrich.
Der Weg ist teilweise mit Abschnitten
des Laufparks Stechlin (erst 1, dann
2, dann 3, 4 und 5, später wieder 1)
identisch und ebenso ausgeschildert

Baden
Mehrere Badestellen

Besonderheiten
Im Sommer sollte neben ausreichend
Proviant und Badezeug auch Mückenschutz ins Gepäck.

Information
Tourismusverband Ruppiner Land
Fischbänkenstr. 8 ·
16916 Neuruppin ·
(0 33 91) 65 96 30 ·
www.ruppiner-reiseland.de

Einkehren
Hotel-Restaurant Klosterblick
Im Café Cecile gibt es neben Kaffee
und Kuchen eine Bistro-Küche mit
Spezialitäten wie Flammkuchen. Wer
will, kann hier auch übernachten (DZ
ab 85 €).
Am Wutzsee 23 · 16835 Lindow ·
(03 39 33) 89 00 · www.klosterblick-lindow.de · Fr–So/Fei 12–19 Uhr, im
Winter z. T. Schließzeiten

Schlosswirt
Sicherlich die schönste Einkehrmöglichkeit auf der Strecke. In stilvollem
Rahmen – oder auf der großen Terrasse – werden regionale Spezialitäten
wie Meseberger Wildpfeffersüppchen
serviert. Hausgemachter Kuchen,
auch Hotelbetrieb (DZ ab 95 €).
Meseberger Dorfstr. 27 ·
16775 Meseberg · (0 33 06) 20 46 70 ·
www.schlosswirt-meseberg.de ·
Di–Do 12–21, Fr–So 12–18 Uhr

Café & Bücherei Hillebrand
Kaffeespezialitäten, Kuchen, Torten
und seine eigenen Romane bietet
Autor Harald Hillebrand in seinem
sympathischen Laden an.
Rudolf-Breitscheid-Str. 39 · 16775
Gransee · (01 51) 42 31 53 77 ·
www.cafe-und-buecherei.de ·
im Sommer Do–Mo 11–18 Uhr, im Winter eingeschränkte Öffnungszeiten

20 Lindow – Gransee

km **Vom Bahnhof Lindow zum Klosterblick**
0–0,5 *Die Tour startet am Bahnhof von Lindow, wo man den Hinweisschildern zur Klosterruine am Wutzsee folgt. Erst geht es auf der Bahnhofstraße in Richtung Zentrum, dann rechts in die Ernst-Thälmann-Straße und kurz darauf wieder links durch die Harnackstraße, wo in der Ferne schon der Wutzsee aufblitzt. Wer will, kann hier auf der Terrasse des Hotel-Restaurants Klosterblick die Idylle erst mal auf sich wirken lassen oder der von Efeu überwucherten Ruine vom Kloster Lindow einen Besuch abstatten, die ein Stück weiter links die Zeit überdauert hat.*

Eingebettet zwischen mehrere Seen und die liebliche Wald- und Hügellandschaft des Ruppiner Lands ist **Lindow** ein besonders reizvoller Ort, der sich insbesondere in der Badesaison auch für längere Aufenthalte eignet. Hauptsehenswürdigkeit ist die Ruine, die von einem mittelalterlichen Kloster übrig geblieben ist. Um 1230 von den Grafen von Arnstein gegründet, gehörte es lange Zeit zu den reichsten der Mark. Nach der Reformation wurde es in ein Damenstift umgewandelt und beherbergte die unverheirateten Frauen des Adels, bis es im Dreißigjährigen Krieg von kaiserlichen Truppen zerstört wurde. Außer einigen Nebengebäuden und dem Klosterfriedhof mit Gräbern der Stiftsdamen ist nur das ruinöse, von Efeu überwucherte Gemäuer stehen geblieben, das aber einen überaus romantischen Anblick bietet. Die Ruine hat nicht nur Fontane zum Kloster Wutz in seinem Roman „Der Stechlin" inspiriert, es spinnen sich auch allerhand Legenden um sie. Immer wieder erzählt wird beispielsweise die Sage von der schönen Nonne, deren Liebhaber an der Klostermauer kratzte und schabte, bis er sie befreien konnte.

km **Vom Wutzsee zum Schloss Meseberg**
0,5–8,5 *Die Wanderung führt rechts am Südufer des Sees vorbei. Zunächst geht es an allerlei Wassergrundstücken entlang und dann auf einem schmalen, mit grünem und rotem Querstrich markierten Pfad oberhalb des Sees in einen schönen Mischwald mit Buchen, Eichen und Kiefern. In der warmen Jahreszeit ist intensives Vogelgezwitscher zu hören, während man noch einmal zu den Häusern hinunter und dann gleich wieder schräg rechts auf den Pfad hochsteigt und immer mit Blick aufs Wasser an mehreren Bade-*

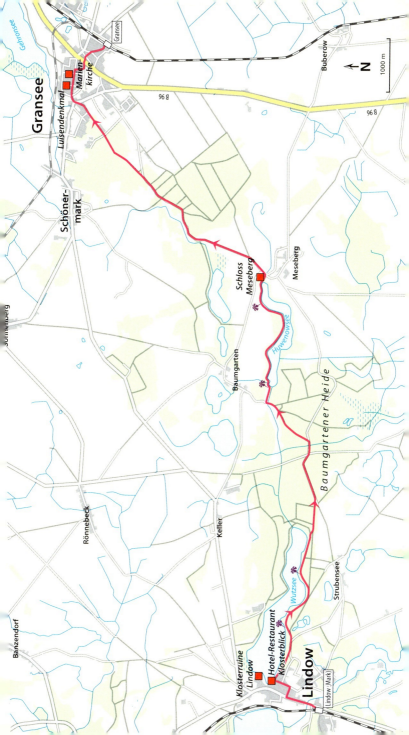

20 Lindow – Gransee

stellen und der Elefantenbucht vorbei bis kurz vor Ende des Sees (und noch vor der Brücke) läuft, wo die Ausschilderung zum Laufpark Stechlin 2 (vorher ist der Weg mit Laufpark Stechlin 1 ausgeschildert) scharf rechts in den rot markierten Weg weist. Kurz darauf geht es links auf einem breiten Forstweg durch die freundliche Baumgartener Heide und an der nächsten Weggabelung noch einmal links leicht ansteigend in Richtung **Baumgarten.** *Bald darauf tauchen auch die ersten Häuser des Orts auf. Doch bevor man das Zentrum erreicht, zweigt rechts und gleich noch einmal rechts der mit Laufpark Stechlin 4 und 5 ausgeschilderte Weg zum Huwenowsee ab. Am Wasser angekommen, beginnt nun links nach einem Picknickplatz die schönste Etappe der Wanderung. Von mächtigen Linden, Eichen, Buchen und mehreren Badestellen gesäumt, bietet das nördliche Seeufer einen wahrhaft lieblichen Anblick. Hier und da säumt eine kleine Bucht den Weg, vielleicht hämmert auch irgendwo ein Specht. Schließlich grüßt vom gegenüberliegenden Ufer die adrette Fassade eines Schlosses.*

Schloss Meseberg – Fontane nannte es in seinen „Wanderungen durch die Mark Brandenburg" das „Zauberschloss" – ist ein stolzes Barockgebäude, das Reichsgraf Hermann von Wartensleben um 1738 erbauen ließ, nachdem ein früheres Herrenhaus an dieser Stelle abgebrannt war. Wenig später kaufte es Prinz Heinrich von Preußen, um es dem Major von Kaphengst zu schenken. Auch Nachfahren von Lessing haben hier von 1885 bis 1934 residiert – nahebei erinnert der sogenannte Lessing-Stein mit drei eingemeißelten Ringen an die Parabel aus „Nathan der Weise". Nach wechselvoller Geschichte – zu DDR-Zeiten entkam das Schloss nur knapp der Sprengung – erwarb es 1997 die Messerschmitt-Stiftung, die es aufwendig sanierte und an die Bundesregierung verpachtete. Seitdem hat es schon so manchen erlauchten Staatsgast beherbergt. Zu besichtigen ist es nicht. Nur in die Dorfkirche kann man einen Blick werfen – und sich anschließend vielleicht beim benachbarten Schlosswirt auf der schönen Terrasse einen warmen Apfelstrudel schmecken lassen.

km 8,5–14,5 Vom Schloss Meseberg nach Gransee

Für die letzte Etappe nach Gransee wandert man auf einer erst kopfsteingepflasterten, dann asphaltierten, aber wenig befahrenen

Straße mit dem Namen Meseberger Weg, bis an der vierten Abzweigung links wieder ein rot-grün markierter Wanderweg in schöne Waldlandschaft führt. So läuft man eine ganze Weile immer geradeaus und kommt schließlich am prächtigen Stadttor von Gransee an, das Einlass in die zu weiten Teilen von einer alten Stadtmauer umschlossene Stadt gewährt.

Die einstige Bedeutung von **Gransee** lässt sich an der großen, spätgotischen Marienkirche mit Wandmalereien und Schnitzaltar aus der Zeit von 1400 ablesen, in der im Sommerhalbjahr Konzerte der Granseer Sommermusiken stattfinden. So kann man mit etwas Glück, und wenn genug Zeit ist, die Wanderung mit einem Konzert beschließen. Weiterer Besuchermagnet des Städtchens ist das **Luisendenkmal** am Schinkelplatz.

Von Bürgern finanziert und von Schinkel entworfen – das Luisendenkmal

Der von Karl Friedrich Schinkel entworfene, auf acht Pfeilern ruhende, gusseiserne Sarkophag mit gotischer Überdachung erinnert an die beliebte Preußenkönigin, die 1810 verstarb und deren Sarg während der Überführung nach Berlin eine Nacht lang hier aufgebahrt wurde. Daraufhin sammelten die Bürger Geld für ein würdiges Denkmal und beauftragten den Baumeister mit dem Monument, das 1811 eingeweiht wurde.

Vom Stadtkern zum Bahnhof Gransee

km 14,5–15

Man durchquert den historischen Stadtkern und verlässt ihn schließlich in südöstlicher Richtung, wo es dann auf der Verlängerung der Vogelsangstraße weit weniger beschaulich aussieht, als der Straßenname verheißt. Von hier zweigt schräg links die Koliner Straße ab, die wenig später zum Bahnhof führt. Lange Zeit machte er einen trostlosen Eindruck, aber nach der Wiedereröffnung der sanierten Wartehalle erwachte er langsam zu neuem Leben.

Neuruppin – Rheinsberg

21 Quer durch die Ruppiner Schweiz – in ein, zwei oder drei Etappen

Start	Ziele	Länge	Gehzeit
Neuruppin Rheinsberger Tor	Boltenmühle/Binenwalde/Rheinsberg	16, 17½ bzw. 29 km	4½, 5 bzw. 8 Std.

Die Ruppiner Schweiz ist ein besonders liebenswertes Stück Brandenburg. Idyllische Seen und Flüsschen wie der Rhin durchziehen die sanft gewellte Hügellandschaft, die von schönen Buchen- und Mischwäldern überzogen ist. All das lässt sich ideal auf dem Ruppiner Rundwanderweg erleben. Die schönste, wenn auch sehr lange Etappe führt von Neuruppin nach Rheinsberg. Um sie richtig zu genießen, sollte man sie möglichst auf zwei Tage verteilen. Denn neben der sehenswerten Fontanestadt liegt nicht nur die Boltenmühle, eine ehemalige Sägemühle, am Wegesrand, sondern auch das Dorf, in dem Friedrich der Große als Kronprinz eine Romanze mit einer schönen Försterstochter gehabt haben soll.

Ein See nach dem anderen durchzieht die Ruppiner Schweiz

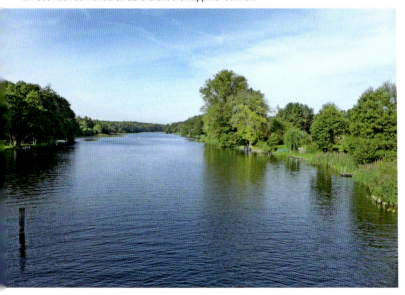

Neuruppin – Rheinsberg 21

Infos zur Tour

Hinfahrt
Bahnhof Neuruppin Rheinsberger Tor (RE6, stdl.,ca. 65 Min. ab S-Bhf. Berlin-Spandau)

Rückfahrt
Ab Boltenmühle
Mai–Sep. tgl. 15.30 Uhr, Mitte Apr.–Ende Okt. Di, Do 15.30 Uhr ·
(0 33 91) 4 54 60 ·
www.schifffahrt-neuruppin.de

Ab Binenwalde
Nur Mo–Fr Bus 794 bis Rheinsberg (letzte Abfahrt 16.19 Uhr!)

Ab Bahnhof Rheinsberg
RB54 bis Löwenberg, weiter mit RE5 bis Berlin Hbf., ca. 1 Std. 50 Min.

Streckenverlauf
Neuruppin – Alt Ruppin – Neumühle – Molchow – Stendenitz – Rottstiel – Boltenmühle – Binenwalde – Braunsberg – Rheinsberg

Streckencharakteristik
Landschaftlich sehr reizvoll, auf Waldwegen und ruhigen Straßen

Schwierigkeit
Mittelschwer, mit leichten Steigungen

Für Kinder
Weniger geeignet, weil recht lang

Beschilderung
Von Neuruppin bis Molchow blaue Markierung (meist Querstrich und Punkt), dann grüne Markierung, ab Stendenitz wieder blaue Markierung

Baden
Badestellen am Ruppiner, Molchow-, Tetzen-, Zermützel-, Tornow- und Kalksee, außerdem Jahnbad und Fontanetherme in Neuruppin

Übernachten
Wer den Weg in zwei Tagesetappen aufteilen will, kann unterwegs in der Boltenmühle (s. u.) unterkommen. Alternativ bieten Privatvermieter in Binenwalde Ferienwohnungen an.

Einkehren
Gasthof Boltenmühle
Mühlenrestaurant mit Terrasse am Mühlenbach. Kaffee, Kuchen und solide märkische Küche. Komfortable Zimmer und Apartments, schöner Sauna- und Wellnessbereich (DZ ab 89 €).
Im Wald 1 · 16818 Gühlen-Glienicke ·
(03 39 29) 7 05 00 ·
www.boltenmuehle.de ·
tgl. 11.30–21 Uhr

Waldschenke Stendenitz
Farbenfroh aufgepepptes Gartenlokal von 1913. Gute (auch kleine) Speisen am Seeufer. Übernachtung im voll ausgestatteten Bauwagen (DZ 60 €).
Stendenitz 13 · 16827 Molchow ·
(0 33 91) 77 51 19 · Sommer Do–So 12–21 Uhr, im Winter eingeschränkte Öffnungszeiten

Up-Hus-Idyll
Liebenswertes Hotel-Restaurant mit raffinierter Küche.
Siechenstr. 4 · 16818 Neuruppin ·
(0 33 91) 3 46 96 79 · www.restaurant-up-hus.de · Mai–Dez. Di–So ab 12, Jan.–Apr. Di–Fr ab 17, Sa/So ab 12 Uhr

21 Neuruppin – Rheinsberg

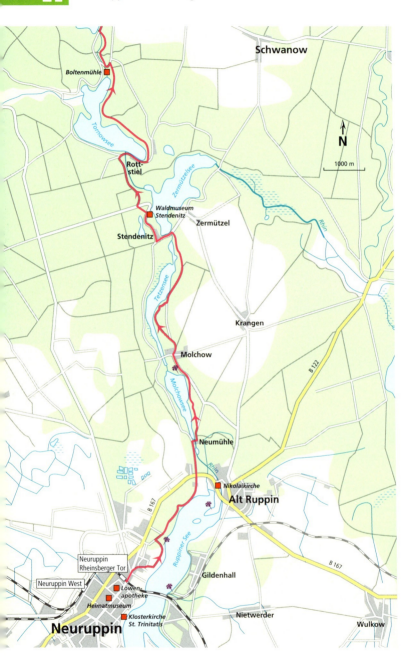

Neuruppin – Rheinsberg 21

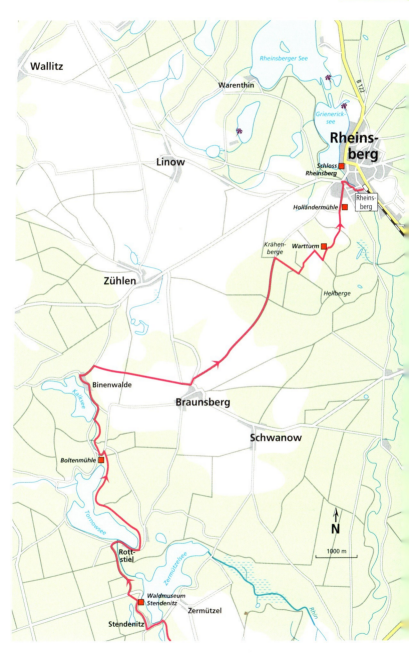

21 Neuruppin – Rheinsberg

Noch heute steht die Löwenapotheke, in der Theodor Fontane geboren wurde

Neuruppin

Neuruppin besticht nicht nur mit seiner Lage am Nordufer des Ruppiner Sees. Seine Straßen, Plätze und Gebäude führen auch auf die Spuren einer Reihe bedeutender Persönlichkeiten. Allen voran Theodor Fontane, der 1819 in der **Löwenapotheke** in der Karl-Marx-Straße 84 das Licht der Welt erblickte. Nicht weit davon entfernt, in der Fischbänkenstraße 8, wurde 1781 Karl Friedrich Schinkel geboren. Schräg gegenüber, am Kirchplatz, hat ihm der Architekt Max Wiese 1883 ein Denkmal gesetzt. Im Übrigen verlebte hier auch Friedrich der Große als junger Regimentskommandeur eine unbeschwerte Zeit. Auffällig an Neuruppin ist der streng geometrische Grundriss mit großen quadratischen Plätzen, die Fontane als „raumverschwendende Anlage" kritisierte. Nachdem das mittelalterliche Zentrum 1787 fast vollständig durch einen Großbrand vernichtet wurde, entwarf der Berliner Baumeister Bernhard Matthias Brasch eine preußische Musterstadt, in deren Zentrum nicht eine Kirche, sondern das Alte Gymnasium als Hort der Bildung steht. Den Stadtbrand überstanden hat indessen die **Klosterkirche St. Trinitatis,** die sich mit ihren beiden Türmen weithin sichtbar am Seeufer erhebt und einst zu einem 1246 gegründeten Dominikanerkloster gehörte. Ein Stück weiter haben zwei Hospitalkapellen, St. Georg und St. Lazarus in der Siechenstraße, die Zeit überdauert – im mittelalterlichen Siechenhospital ist inzwischen das romantische Hotel Up-Hus-Idyll untergekommen. Mehr über die 750-jährige Stadtgeschichte lässt sich im **Museum Neuruppin** erfahren, das in einem prächtigen klassizistischen Wohnhaus von 1790 und einem hochgelobten Neubau untergebracht ist (August-Bebel-Str. 14–15 · (0 33 91) 3 55 51 00 · www.museum-neuruppin.de · tgl. außer Di 10–18, Mi bis 19 Uhr · 5/3 €, Familien 8 €, Mi 17–19 Uhr Eintritt frei).

km	Von Neuruppin nach Alt Ruppin
0–3,6	*Ausgangspunkt der Wanderung ist der Bahnhof Rheinsberger Tor in Neuruppin. Hier überquert man die Gleise und läuft auf der*

Neuruppin – Rheinsberg

Karl-Marx-Straße bzw. Straße des Friedens in östlicher Richtung stadtauswärts, bis rechts die Güntherstraße abzweigt. Auf ihr gelangt man zur Hans-Thörner-Straße, auf der es links und dann wieder rechts in Richtung Seeufer geht. Zwischen Kleingärten und Wasser gelangt man zum Jahnbad, einer Badeanstalt mit schöner Liegewiese. Ab hier wandert man auf einem besonders schönen schmalen Pfad durch den Stadtpark am Seeufer weiter, immer der blauen Markierung folgend, bis die ersten Häuser von Alt Ruppin auftauchen.

Schön gelegen an der Nordspitze des Ruppiner Sees und von den Armen des Rhins umspült, geht **Alt Ruppin** auf eine mittelalterliche Burg zurück, die ein bedeutendes Machtzentrum deutscher Landesherren war. Doch hat sich davon nur die romanische **Nikolaikirche** aus dem 13. Jahrhundert erhalten, die von vorn einen besonders wehrhaften Eindruck macht und mit ihrem kleinen Türmchen aus späterer Zeit am Seeufer aufragt. Ansonsten besteht der Ortsteil von Neuruppin heute aus teils sehr beschaulichen Wohn- und Ferienhäusern.

Von Alt Ruppin nach Molchow

km 3,6–7

Man durchquert den Ortsrand und gelangt im leichten Linksbogen zur Bundesstraße, die man überquert und weiter geradeaus ca. 1 Kilometer auf dem Neumühler Weg nach Neumühle läuft. An der Schleuse passiert man rechts die Brücke über den Kanal und folgt danach ein kurzes Stück der asphaltierten Straße, bis schräg links ein Privatweg abzweigt. Dieser führt an Gartenhäusern am See vorbei und schließlich rechts herum, wobei man auf diesem Weg weiter geradeaus in Richtung asphaltierte Straße wandert. Kurz vor der Straße weist einen die blaue Markierung links auf einen schmalen Weg nach Molchow. Nun läuft man am Molchowsee, einem von idyllischem Grün und Schilf gesäumten Gewässer mit ausgezeichneter Wasserqualität, entlang, um bei einer Badestelle mit überdachtem Rastplatz den Ort zu erreichen. Man folgt der ruhigen Altruppiner Straße ins Zentrum von Molchow und macht, wenn man will, links einen kleinen Abstecher zum Dorfplatz.

Das verträumte Runddorf **Molchow** an der Ruppiner Seenkette ist ein beliebtes Ziel der Wasserwanderer. Mit einigen Gehöften und dem Gutspark macht es einen aufgeräumten Eindruck. Mitten auf dem Dorfanger steht neben einem steinernen Kriegerdenkmal ein denkmalgeschützter hölzerner Glockenturm aus dem Jahr 1692, der eigentlich für eine noch ältere Glocke aus Eggersdorf errichtet wurde. „Aus der Mitte des Platzes wächst ein Turm auf, unheimlich und grotesk, als habe ihn ein Schilderhaus mit einer alten Windmühle gezeugt. Von beiden etwas", kommentierte ihn Fontane in seinen „Wanderungen durch die Mark Brandenburg".

Von Molchow zum Waldmuseum

km 7–10,7

Zurück an der Kreuzung Altruppiner Straße wandert man weiter geradeaus, nun der grünen Markierung folgend, am Ostufer des Tetzensees entlang. Auf einem breiten Fahrweg geht es an letzten Grundstücken aus dem Ort hinaus, bis einen schöner, hoher Mischwald empfängt. Nach ca. 2 Kilometern kündigen wiederum Gartengrundstücke die Nähe von Zermützel an. Bevor man jedoch den Ort erreicht, zweigt links der Weg ab, der über eine Brücke nach **Stendenitz** *führt. Rechts liegt schon wieder das nächste Gewässer, der große, weite Zermützelsee. Läuft man – nun wieder der blauen Markierung folgend – ein Stück um das Südufer herum, gelangt man kurz darauf zum Waldmuseum.*

Das kleine, in russischem Stil gebaute Blockhaus aus dem Jahre 1936, das eine Ausstellung zum Lebensraum Wald, zu hier lebenden Tieren und Pflanzen beherbergt, soll das älteste **Waldmuseum** Deutschlands sein. Der spätere Oberförster Hans Zander hatte allerlei Kuriositäten aus der Umgebung gesammelt und stellte sie damals in dem kleinen Nebengebäude der Waldschenke aus. Inzwischen wurde es unter Federführung des Historischen Vereins der Grafschaft Ruppin saniert und liebevoll aufbereitet ((0 33 91) 40 37 80 · Mai–Sep. Mi–So 10–17 Uhr). Hier gibt es auch eine Badestelle. Außerdem lädt ganz in der Nähe die hübsche Waldschenke zur Verschnaufpause ein.

Vom Waldmuseum zur Boltenmühle

km 10,7–16

Will man keinen Abstecher zum Waldmuseum oder zur Waldschenke machen, setzt sich der Weg geradeaus fort. Die nächste Abzweigung zum Zanderblick und Kunsterspring lässt man links liegen und wandert in Richtung Rottstiel weiter auf dem breiten,

Neuruppin – Rheinsberg

mit Kopfstein gepflasterten Weg am Rottstielfließ entlang, zu dem sich der Zermützelsee schließlich verengt. Nach ca. 2 Kilometern erreicht man das **Forsthaus Rottstiel** *am* **Tornowsee.** *Ursprünglich stand hier eine Mühle, die später zum Forsthaus und in jüngster Zeit zur Wanderreitstation umgebaut wurde. Hier wandert man – statt dem Hinweisschild links zur Boltenmühle zu folgen – rechts weiter auf dem Fontaneweg. An einem Campingplatz vorbei geht es der blauen Markierung folgend immer am Ufer des Tornowsees entlang. Zwischendurch verlässt man den breiten Fahrweg, um links einen der schönsten Abschnitte der Wanderung zu beschreiten. Auf und ab geht es nun durch wunderschönen Buchenwald, immer leicht erhöht über dem Seeufer, hier und da laden eine Bank oder eine Badestelle zur Pause ein. Noch einmal muss man sich zwischendurch links halten, bevor man schließlich die Mühle erreicht.*

„Wahrlich, wenn ich nicht Herr von Rheinsberg wäre, möchte ich Müller von **Boltenmühle** sein, so ein idyllisch schönes Plätzchen", soll Friedrich der Große über den lauschigen Ort gesagt haben, an dem sich noch heute das alte Mühlrad im Wasser dreht. Ursprünglich wurde das Gebäude im Fachwerkstil um 1718 als Sägemühle errichtet, wobei es 1992 von einem Brand vernichtet und wieder aufgebaut wurde. So romantisch es ist, hier am rauschenden Binenbach zu verweilen – zuweilen geht es rund um

Im Sommer stark frequentiert: das beliebte Ausflugsziel Boltenmühle

das beliebte Ausflugslokal samt Hotel und Wellnessbereich recht betriebsam zu. Vor allem im Sommer muss man hier mit Reisegruppen rund um die große Gartenterrasse rechnen. Abends kehrt dann wieder Ruhe ein.

km 16–17,5 Von der Boltenmühle nach Binenwalde

Um nach Binenwalde zu gelangen, wandert man am besten auf dem Rundwanderweg Binenbach dorthin, der auf schmalem Pfad dem wildromantischen Bächlein durch hügelige Waldlandschaft folgt. Noch einmal gilt es, ordentlich bergauf und bergab zu steigen, bevor man der Markierung folgend das Ufer des Kalksees erreicht. Danach läuft man eine Weile am Wasser entlang und schließlich auf der wenig befahrenen Straße weiter in den Ort.

Idyllisch schmiegt sich **Binenwalde** an den Kalksee. So winzig und unscheinbar es ist – seinen Namen verdankt es der Legende um eine illustre Persönlichkeit. Friedrich der Große soll hier einst als Kronprinz der schönen Försterstochter Sabine begegnet sein, als sie am Ufer des Sees saß, woraus sich eine kleine Romanze entspann. Daran erinnert heute wieder ein Denkmal, das man der Dorfschönheit oberhalb der Bushaltestelle gesetzt hat. Mit diesem Bild verabschiedet sich das Dorf von den Wanderern, die hier in den Bus steigen oder weiter nach Rheinsberg laufen.

km 17,5–29 Von Binenwalde nach Rheinsberg

In Binenwalde läuft man am Dorfgasthof vorbei und gleich danach rechts auf einer Kopfsteinpflasterstraße entlang, bis rechts der Feldweg in Richtung Braunsberg/Rheinsberg abzweigt. Jetzt zeigt sich ein völlig anderes Bild. Anstatt über Buchen- und Laubwälder sowie idyllische Seen, schweift der Blick nun in die Weite des Ruppiner Lands mit sanft gewellten Feldern, Wiesen und Kiefernhainen. Nach ca. 3 Kilometern erreicht man **Braunsberg.** *Am Ortsrand angekommen, geht es rechts ins Zentrum. Der Abstecher lohnt nur, wenn man sich die hübsche Fachwerkkirche von außen ansehen will, die meist geschlossen ist. Ansonsten biegt man 50 Meter weiter links in einen mit Kopfstein gepflasterten Feldweg ein. Auf dem geht es nun ca. 4 Kilometer immer geradeaus, erst durch Felder, dann durch Kiefern- und Mischwald zu den Krähenbergen, wo links ein Sendemast steht. Man könnte jetzt auch der mit*

Neuruppin – Rheinsberg

Kopfstein gepflasterten Straße nach Rheinsberg folgen, doch schöner ist der blau markierte, im Zickzack verlaufende Weg, der rechts in Richtung Hellberge führt. Auf und ab geht es durch Waldlandschaft, wobei man aufpassen muss, dass man an der Abzweigung, wo es steil bergab und auf der anderen Seite wieder hoch geht, vor dem Anstieg links abbiegt. Wenn sich der Wald lichtet, gelangt man in eine schöne, leicht hügelige Wiesen- und Weidelandschaft. Hier weist einen die Beschilderung einmal nach rechts und dann wieder im spitzen Winkel nach links. Noch einmal geht es auf und ab, dann erblickt man den **Wartturm,** der sich links zwischen Bäumen auf einem Hügel erhebt. Der in freundlichem Beige-Rosé angestrichene Sechseckturm in gotischem Stil stammt aus dem 18. Jahrhundert, wird auch Leuchtturm genannt und bietet ein wunderbares Panorama. Allerdings muss man sich den Schlüssel in der Pension und Kutscherstube Zum Leuchtturm abholen, die ca. 1 Kilometer weiter auf dem Weg nach Rheinsberg liegt. Vom Wartturm aus läuft man weiter durch den Wald und dann an der Pension und ersten Häusern vorbei. Bald darauf passiert man rechts die mehr als 100-jährige **Holländermühle,** die heute Ausflugsrestaurant und Beherbergungsbetrieb ist. An ihr vorbei wandert man weiter Richtung Zentrum. Immer der Schwanower Straße folgend gelangt man schließlich auf die Lindenallee und auf dieser links zum Fontaneplatz und weiter zum Schloss Rheinsberg (▸ Seite 158). Wer direkt zum Bahnhof laufen will, biegt vorher von der Schwanower Straße rechts in die Straße Alter Bahndamm ein und erreicht nach etwa 600 Metern rechter Hand den Bahnhof.

Mitunter verwirrend: die vielen Ausflugsziele zwischen Neuruppin und Rheinsberg

Um den Rheinsberger See

22 Vom Musenschloss um den Rheinsberger See

Start	Ziel	Länge	Gehzeit
Bahnhof Rheinsberg	Bahnhof Rheinsberg	17,5 km	5 Std.

Auch wenn es mit öffentlichen Verkehrsmitteln nicht ganz leicht zu erreichen ist – Rheinsberg stellt eine ganz besondere Perle unter Brandenburgs Ausflugszielen dar. Friedrich der Große verlebte hier seine glücklichsten Jugendjahre, Fontane und Kurt Tucholsky schwärmten in ihren jeweiligen Schriften von dem Städtchen, und auch auf heutige Besucher übt es eine magische Anziehungskraft aus. Nicht allein das Barockschloss, das sich malerisch im Wasser des Grienericksees spiegelt, ist wunderbar anzusehen. Auch die Umgebung mit ihren ausgedehnten Buchenwäldern, Mooren und der Rheinsberger Seenkette lohnt den Besuch.

Malerisch schmiegt sich Schloss Rheinsberg an das Ufer des Grienericksees

Um den Rheinsberger See 22

Infos zur Tour

Hin- und Rückfahrt
Bahnhof Rheinsberg
Mehrmals tgl. mit RB54 ab Bhf. Löwenberg (im Winter nur wenige Fahrten), bis dahin RE5 ab Berlin Hbf., ca. 1 Std. 40 Min.

Streckenverlauf
Bahnhof Rheinsberg – Rheinsberg – Warenthin – Naturerlebnisweg Schlaborn – Rheinsberg – Bahnhof Rheinsberg

Streckencharakteristik
Landschaftlich reizvolle Wanderung auf Wald- und Wiesenwegen

Schwierigkeit
Einfach

Für Kinder
Ja, bei gutem Durchhaltevermögen

Baden
Seebad und Badestellen am Grienerick- und Rheinsberger See

Beschilderung
Erst gelber, dann grüner sowie blauer Balken (E 10), ab Warenthin roter, später wieder grüner Querstrich

Sehenswertes
Schloss Rheinsberg
Mühlenstr. 1 · 16831 Rheinsberg · (03 39 31) 72 60 · www.spsg.de · Apr.–Okt. Di–So 10–17.30 Uhr, Nov.–März Di–So 10–16 Uhr · 10/7 €, Familien 15 €, nur mit Führung

Keramikmuseum Rheinsberg
Das Museum lädt zur Zeitreise zu den Anfängen der Fayence-Produktion unter Prinz Heinrich ein.
Kirchplatz 1 · 16831 Rheinsberg · (03 39 31) 3 76 31 · www.museum-rheinsberg.de · Feb.–Juni Mi–Fr 12–17, Sa 10–17, Juli–Aug. Mo/Mi–Sa 10–18, So 12–16, Sep.–Dez. Mi–Fr 10–17, Sa 12–16 Uhr

Einkehren
Zum alten Fritz
Traditionsreiches Haus mit großer Terrasse. Kreative, vielfältige Küche zu vernünftigen Preisen.
Schlossstr. 11 · 16831 Rheinsberg · (03 39 31) 20 86 · www.alterfritz-rheinsberg.de · Mi–So 18–22, Sa/So auch 12–15 Uhr

Seehof Rheinsberg
Das stilvolle Hotel-Restaurant am Seeufer mit raffinierter, gehobener Küche ist das erste Haus am Platz und beste kulinarische Adresse in Rheinsberg.
Seestr. 18 · 16831 Rheinsberg · (03 39 31) 40 30 · www.seehof-rheinsberg.de · tgl. 12–15 und 18–21 Uhr

Zum Fischerhof
Fisch in allen Variationen, auch aus der hauseigenen Räucherei.
Seestr. 19a · 16831 Rheinsberg · (03 39 31) 3 95 86 · Apr.–Okt. Mi–So 12–22 Uhr

Gasthaus Am Rheinsberger See
Schlichte Hausmannskost in schöner Lage am See. Mit Kanuverleih.
Seestr. 7 · 16831 Warenthin · (03 39 31) 21 31 · im Sommer tgl. 11–22, sonst nur Sa/So ab 11 Uhr

22 Um den Rheinsberger See

km **Vom Bahnhof Rheinsberg nach Rheinsberg**
0–0,5 *Vom Bahnhof in Rheinsberg läuft man ein kurzes Stück nach links in Richtung Stadtzentrum und biegt gleich wieder links in den Rhinhöher Weg ein. Auf der Straße An den Rhingärten geht es durch Siedlungsgebiet bis man über die Lindenallee gleich den Fontaneplatz erreicht. Nach rechts gelangt man hier ins Zentrum von Rheinsberg. Läuft man links in die Fontanepromenade, befindet sich auf der rechten Straßenseite ein Eingang zum Schlosspark. Den Haupteingang erreicht man indessen, wenn man weiter über Park- und Mühlenstraße in Richtung Markt läuft. Auf keinen Fall sollte man versäumen, sich vor oder nach der Wanderung in dem hübschen Städtchen und natürlich dem Schloss umzusehen.*

Im Herzen von **Rheinsberg** lädt der von Kastanien, Cafés und Restaurants gesäumte **Marktplatz** zum Flanieren ein, Kutschen starten hier zu Ausfahrten ins Ruppiner Land, zweimal jährlich belebt auch ein Töpfermarkt das Bild. Ansonsten hat in der regelmäßigen Stadtanlage mit ihren ein- und zweigeschossigen Traufenhäusern aus dem 18. Jahrhundert die frühgotische **Pfarrkirche St. Laurentius** die Zeit überdauert. Doch die Hauptattraktion von Rheinsberg ist das **Schloss,** das sich mit seiner hellen Fassade, den Türmen und Kolonnaden malerisch im Grienericksee spiegelt. Nachdem der Soldatenkönig das einstige Wasserschloss für seinen Sohn Friedrich II. gekauft und zur Barockresidenz hatte ausbauen lassen, verbrachte der Kronprinz hier die glücklichsten Jahre seines Lebens. „Unser Treiben ist höchst frivol", schrieb er einst über die Zeit. „Wir tanzen bis zur Atemlosigkeit, essen bis zum Platzen." Tatsächlich konnte Friedrich, als er noch nicht „der Große" war, in Rheinsberg fern der steifen Etikette des Berliner Hofs leben und sich seinen musischen Neigungen, dem Flötenspiel, der Literatur und Philosophie, hingeben. Anschließend machte sein Bruder Prinz Heinrich aus dem Schloss einen wahren Musenhof. Er versammelte hier zahlreiche Künstler und ließ das Gebäude von Wenzeslaus von Knobelsdorff umgestalten. Um 1737 vollendet, war es noch vor Sanssouci der Auftakt zum friderizianischen Rokoko. Besonders prachtvoll ist der Spiegelsaal mit einem Deckengemälde Antoine Pesnes, das Ovids „Metamorphosen" darstellt. Außerdem beeindrucken der Muschelsaal und ein Kabinett mit chinesischen Lackmalereien. 1774 gesellte sich schließlich

22 Um den Rheinsberger See

Hier verlebte Friedrich der Große seine glücklichsten Jahre: Schloss Rheinsberg

noch ein Schlosstheater dazu, wo bis heute Opern- und Schauspielaufführungen stattfinden (Apr.–Okt. Di–So 10–18, Winter 10–16 Uhr · www.spsg.de · (03 39 31) 72 60). Daran, dass auch Kurt Tucholsky in Rheinsberg eine unbeschwerte Zeit mit seiner späteren Frau Else Weil verlebte und sich von dem Ort zu einem „Bilderbuch für Verliebte" inspirieren ließ, erinnert das **Tucholsky-Museum,** das in einem Teil des Schlosses untergekommen ist. Nicht minder sehenswert ist der **Schlosspark,** der als einer der ersten sentimentalen Landschaftsgärten Deutschlands gilt. Skulpturen, Grotten und Denkmäler sorgen für reizvolle Blickpunkte. Neben der **Grabpyramide,** in der der Prinz bestattet wurde, überrascht der **Obelisk** auf dem gegenüberliegenden Ufer des Grienericksees. Ihn ließ Heinrich 1790 zu Ehren der Helden des Siebenjährigen Kriegs und vor allem seines Bruders Prinz August Wilhelm errichten, der als Armeeführer schwere Fehler gemacht hatte, bei Friedrich in Ungnade gefallen und 1758 viel zu früh gestorben war.

Um den Rheinsberger See 22

Von Rheinsberg nach Warenthin

km 0,5–4,5

Durch den Park läuft man am tempelartigen sogenannten Salon vorbei zur Felsengrotte und dort rechts am mit Schilf bestandenen Ufer entlang. Auf der einen Seite spiegelt sich das Schloss malerisch im Wasser des Grienericksees, linker Hand erhebt sich auf einem Hügel ein Obelisk. Nun läuft man der gelben Markierung folgend auf dem Poetensteig am Ufer entlang, wo das Wasser zwischen Schilf und Bäumen durchschimmert. An der Weggabelung mit Hinweisschild zum Böbereckensee folgt man der grünen Markierung nach Warenthin und zum Forsthaus Boberow, wobei der Weg anschließend mit blauem Querstrich, dem Symbol für den Europäischen Fernwanderweg E 10, markiert ist. Vorbei am Forsthaus Boberow geht es durch dichten Laubwald an das Ufer des Rheinsberger Sees. Zwischendurch kommt man an eine Weggabelung mit Schranke, an der man die Schranke passiert und den linken Forstweg nimmt. Durch Wald und ein Stück Wiese erreicht man schließlich einen Campingplatz. Diesen umgeht bzw. durchquert man und folgt dem Hinweisschild nach **Warenthin.** *Die ersten Häuser des auf das Mittelalter zurückgehenden Dörfchens sind nach 500 Metern erreicht. Hier besteht auch erstmals die Möglichkeit zur Einkehr.*

Im Schlosspark lassen sich Kuriositäten wie die Felsengrotte entdecken

22 Um den Rheinsberger See

km	Von Warenthin zum Naturerlebnispfad
4,5–9,5	

Gleich am Weg liegt links ein einfaches Gartenlokal, das Café am Boberow, das Fischgerichte und allerlei Erfrischungen anbietet. Alternativ bietet sich das Gast- und Logierhaus Am Rheinsberger See an, das zusammen mit einer kleinen Badestelle ein Stück weiter rechts am Seeufer liegt. Ansonsten geht es weiter auf dem rot, später auch wieder grün markierten Weg in Richtung Zechlinerhütte. Die Strecke führt geradewegs durch schönen Mischwald mit hohen Buchen, vorbei an einem Stück Wiese. An der nächsten Weggabelung hält man sich rechts, um zum kleinen Campingplatz Steinablage am Rheinsberger See zu gelangen. An ihm vorbei geht es nun immer geradeaus durch den Wald, am kleinen Sabinensee vorbei, den man rechts zwischen den Bäumen erahnt, bis ca. 1,5 Kilometer vor Zechlinerhütte rechts der grün markierte Naturerlebnispfad in Richtung Schlabornbrücke abzweigt.

km	Vom Naturerlebnispfad nach Rheinsberg
9,5–17,5	

*Der **Naturerlebnispfad** erweist sich als landschaftlicher Höhepunkt der Tour. Führt er doch nicht nur am Hüttensee entlang durch abwechslungsreiche Wasser-, Wald- und Moorlandschaft, sondern auch an allerlei Attraktionen vorbei. Als Erstes taucht links am Weg der sagenumwobenen hölzerne Welthund auf. Geht es den Bauern der Gegend gut, ist er dünn und mager. Plagen sie stattdessen Armut und Seuchen, ist er wohlgenährt – wie der Landesherr, der die Bauern auspresst und deshalb dazu verdammt wird, sein weiteres Leben als Welthund zu fristen. Hat man den Moordamm passiert, kann man rechts ein Waldxylofon zum Klingen bringen und einen Blick ins Insektenhotel werfen. Durch Wiesen geht es weiter zur kleinen Brücke über den Schlabornkanal und an den „Träumerliegen" aus Baumstämmen vorbei rechts auf schönem Pfad durch Kiefernwald und Wiesen in Richtung Rheinsberg. Die verkehrsreiche B 122 ist schon zu hören, aber man umgeht sie auf einem parallel zu ihr verlaufenden Fahrrad- und grün markierten Wanderweg, bis rechts eine*

Idylle pur: der Grienericksee bei Rheinsberg

Um den Rheinsberger See 22

Nördlich von Rheinsberg wechseln sich Baumalleen und Weidelandschaft mit den Seen ab

Privatstraße zu einem Hof mit Rinder- und Schlafzucht abzweigt. Hier läuft man am Schild „Verbotene Einfahrt" vorbei, um an den Stallgebäuden links wieder dem Wiesenpfad zum Ufer des Rheinsberger Sees zu folgen. Nach der Reha-Klinik Hohenelse führt der Wanderweg ein ganzes Stück an der Straße am **Hafendorf Rheinsberg** *vorbei, bis bald darauf wieder rechts ein Weg zum Grienericksee abzweigt. Hier gelangt man am Seebad und an Gartengrundstücken entlang auf die Reuterpromenade, die am Hotel Haus Rheinsberg, der Schiffsanlegestelle und mehreren Lokalen vorbei am Ufer entlangführt, wo man sich Kaffee und Kuchen oder auch ein schönes Stück Fisch schmecken lassen kann. Anschließend kann der Tag vielleicht mit einer Schiffsrundfahrt, einer Schlossbesichtigung oder einem Konzert ausklingen. Zum Bahnhof geht man von der Seestraße über den Markt und die Mühlenstraße, später Parkstraße zum Fontaneplatz und geradeaus weiter in die Lindenallee. Nach einem kurzen Stück zweigt links die Straße An den Rhingärten ab, der man im Bogen bis zum Alten Bahndamm folgt, wo es nochmals links bis zum Damaschkeweg und schließlich rechts zum Bahnhof geht.*

Um den Großen Stechlinsee

23 Auf Fontanes Spuren um den Großen Stechlinsee

Start	Ziel	Länge	Gehzeit
Neuglobsow/ Stechlinsee	Neuglobsow/ Stechlinsee	14 km	3,5 Std.

Einer der landschaftlichen Höhepunkte im Norden Brandenburgs ist der Große Stechlinsee im Naturpark Stechlin-Ruppiner Land. Nicht zufällig hat Fontane dem tiefsten und klarsten Gewässer der Mark in seinem Roman „Der Stechlin" ein literarisches Denkmal gesetzt. Doch abgesehen von der Schönheit der Gegend mit ihren Buchenwäldern, Mooren und Seen ist die Wanderung auch deshalb ein besonderer Genuss, weil der Weg, der großenteils am Ufer entlangführt, problemlos zu finden und leicht zu gehen ist. So bleibt anschließend noch Zeit für ein erfrischendes Bad, eine Ruderpartie oder eine zünftige Fischmahlzeit.

Dem sagenumwobenen Stechlinsee hat Fontane ein literarisches Denkmal gesetzt

Um den Großen Stechlinsee 23

Infos zur Tour

Hin- und Rückfahrt
Haltestelle Neuglobsow/Stechlinsee (Bus 839 ab Bhf. Fürstenberg/Havel, alle 2 Std., bis dahin RE5, ca. 1 Std. 30 Min. ab Berlin Hbf.; letzte Rückfahrt Mo–Fr 18.36, Sa/So 19.31 Uhr)

Variante
Wem die Wanderung nicht reicht, der kann von hier aus noch ins gut 10 km entfernte Fürstenberg und weiter zum Bahnhof wandern. Der mit blauem Querstrich markierte Weg führt über Dagow, am Peetschsee entlang und weiter durch die Fürstenberger Heide über Steinförde nach Fürstenberg.

Streckenverlauf
Neuglobsow – Alte Fischerei – Sonnenbucht – Polzowkanal – Neuglobsow

Streckencharakteristik
Landschaftlich reizvolle Waldwege, großenteils am Ufer des Großen Stechlinsees entlang

Schwierigkeit
Einfach, mit minimalen Steigungen

Für Kinder
Ja

Beschilderung
Lokale Ausschilderung „Stechlinsee-Rundweg", außerdem erst blauer, dann grüner, schließlich roter Querstrich

Baden
Strand und mehrere Badestellen am See

Information
Touristinformation Stechlin
Stechlinseestr. 21 · 16775 Stechlin/OT Neuglobsow · (03 30 82) 7 02 02 · www.stechlin.de

Einkehren
Gasthaus und Pension Fontanehaus
In dem um 1770 erbauten Fachwerkhaus ist schon Fontane eingekehrt. Spezialitäten sind fangfrischer Fisch und Wildgerichte. Wer will, kann auch in Zimmern oder Apartments übernachten (DZ ab 77 €).
Fontanestr. 1 · 16775 Neuglobsow · (03 30 82) 64 90 · www.fontane-haus.com · Mi–Mo ab 11.30 Uhr, im Winter z. T. Schließzeiten

Restaurant & Logis Luisenhof
Im Fachwerkhaus mit großer Terrasse gibt es hausgemachten Kuchen und regionale Küche mit Fisch und Wild. Außerdem geschmackvolle Zimmer und Apartments (DZ ab 67 €).
Stechlinseestr. 8 · 16775 Neuglobsow · (03 30 82) 7 03 86 · www.luisenhof-stechlin.de · Mo ab 16.30, sonst tgl. ab 12 Uhr, wechselnde Ruhetage im Winter

Zur alten Fischerhütte
Die authentischste Einkehrmöglichkeit ist die alte Fischerei am Seeufer, wo es frischen und geräucherten Fisch gibt. Am schönsten ist es, ihn gleich auf der Gartenterrasse am Wasser zu verspeisen.
Zur alten Fischerhütte 2 · 16775 Neuglobsow · (03 30 82) 7 04 22 · In der Saison Mi–So/Fei 10–18 Uhr, im Winter verkürzte Öffnungszeiten

23 Um den Großen Stechlinsee

Naturpark Stechlin-Ruppiner Land

„Zwischen flachen, nur an einer einzigen Stelle steil und quaiartig ansteigenden Ufern liegt er da, rundum von alten Buchen eingefasst, deren Zweige, von ihrer eigenen Schwere nach unten gezogen, den See mit ihrer Spitze berühren. Hie und da wächst ein weniges von Schilf und Binsen auf, aber kein Kahn zieht seine Furchen, kein Vogel singt, und nur selten, daß ein Habicht drüber hinfliegt und seine Schatten auf die Wasserfläche wirft. Alles still hier." Ähnlich wie Fontane in seinem Roman „Der Stechlin" den **Großen Stechlinsee** beschrieb, kann man den See mit seinem unverbauten Ufer auch heute außerhalb der Hochsaison erleben. Um die 100 Seen liegen im **Naturpark Stechlin-Ruppiner Land,** doch er ist der schönste. Sein Name soll sich vom slawischen Wort „Steklo" für „Glas" herleiten. Tatsächlich ist das mit rund 70 Metern tiefste auch eins der klarsten Gewässer Brandenburgs und hat sogar Trinkwasserqualität. So eignet es sich hervorragend zum Baden, Tauchen und Rudern und ist zusammen mit dem Erholungsort Neuglobsow beliebtes Ausflugs- und Urlaubsziel. Neben Campingplätzen gibt es hier auch Bootsverleihstellen und die alte Fischerei, die frischen oder geräucherten Fisch verkauft. Besondere Spezialität sind die Stechlin-Maränen. Denn wie das Leibniz-Institut für Gewässerökologie und Binnenfischerei, das am See Forschungen betreibt, festgestellt hat, sind hier zwei Arten heimisch, die sich nirgendwo anders finden lassen – die sogenannte Stechlin-Maräne und die Kieselalge Cyclotella tripartita.

km 0–14 Von Neuglobsow rund um den Großen Stechlinsee

Die Wanderung beginnt am Stechlinsee-Center in Neuglobsow. Von hier aus läuft man auf der Stechlinseestraße in Richtung Seeufer, wo Informationstafeln auf den Rundweg weisen. Er lässt sich in beiden Richtungen begehen, üblich ist die Wanderung gegen den Uhrzeigersinn. Dazu folgt man am Seeufer der Ausschilderung nach rechts und läuft immer am Ufer entlang, vorbei an der alten Fischerhütte und der Mordbuche, wo 1903 ein junger Förster, der in die Tochter des Oberförsters verliebt war, diese während ihrer Hochzeit erschoss und sich danach selber das Leben nahm. Einer der Anwesenden hat die grausame Tat in der dortigen Buche verewigt. Die Geschichte will so gar nicht zu der lieblichen Landschaft am See passen und man hat sie schnell wieder vergessen, wenn es

Um den Großen Stechlinsee 23

23 Um den Großen Stechlinsee

Gut gekennzeichnet – der Weg um den klarsten und tiefsten See Brandenburgs

gemütlich zwischen Buchen und mehreren Badestellen zur 3,5 Kilometer entfernten Sonnenbucht an der Nordspitze des Sees geht. Von hier aus wandert man nun der Markierung mit dem grünen Querstrich folgend gut 5 Kilometer weiter am Ufer in südlicher Richtung durch die Menzer Heide zur westlichen Spitze des Sees, wo sich ehemals das Kernkraftwerk Rheinsberg befand, von dem noch die Schornsteine durch das dichte Grün lugen. Hat man die Brücke über dem Kanal passiert, führt der Weg mit der roten Markierung rechts ca. 1,5 Kilometer abseits des Ufers durch Kiefernwald und weiter zum Polzowkanal. Nach Überquerung der Brücke folgt man wieder den Wegweisern, die am Seeufer und dem Leibniz-Institut für Gewässerökologie und Binnenfischerei vorbei nach 3 Kilometern nach Neuglobsow zurückführen. Nun besteht Gelegenheit, am großen Strand zu baden, auf dem Wasser zu rudern oder einen Fisch-Imbiss zu sich zu nehmen. Außerdem lohnt es, sich auch in Neuglobsow ein bisschen umzusehen.

Das Wahrzeichen des staatlich anerkannten Erholungsorts **Neuglobsow** ist der rote Hahn. Einer unheimlichen Legende zu-

Um den Großen Stechlinsee

folge ist das Tier aus der Tiefe des Stechlinsees aufgestiegen, wenn der Fischer an der falschen Stelle fischte. „Dann ist es Zeit, ihn zu meiden und das Ufer aufzusuchen. Ist aber ein Waghals im Boot, der es ertrotzen will, so gibt es ein Unglück, und der Hahn, der auf dem Grunde des Stechlin sitzt, wird rot und zornig und schlägt den See mit seinen Flügeln, bis er schäumt und wogt, und greift das Boot an und kreischt und kräht, daß es die ganze Menzer Forst durchhallt (…)", heißt es bei Fontane. Demgegenüber wirkt der Ort ganz friedlich und einladend mit seinen Lokalen, Beherbergungsbetrieben und den Skulpturen eines in Neuglobsow ansässigen Künstlers unter dem Motto „Kunst & Beton". Im über 230 Jahre alten **Glasmacherhaus,** in dem einst zwei Glasmacherfamilien lebten, ist nicht nur die Touristinformation untergekommen. Hier veranschaulichen alte Stücke, Infotafeln und aufbereitete Geschichten auch das einstige Leben der Glasbläser und deren Kunst (Stechlinseestr. 21 · (03 30 82) 7 02 02 · www.stechlin.de · Apr.–Okt. Mo–Fr 10–15, Sa/So 10–16 Uhr, Nov.–März Mi/Do/So 10–14).

Schwimmen, rudern oder sinnieren – der Stechlinsee hat zu jeder Zeit seinen Reiz

Dannenwalde – Fürstenberg

24 Vom Barfußpfad in die Wasserstadt Fürstenberg

Start	Ziel	Länge	Gehzeit
Bahnhof Dannenwalde	Bahnhof Fürstenberg/Havel	22,5 km	7 Std.

Viel Wald und Wasser verspricht die relativ lange Wanderung, die vom Wanderbahnhof Dannenwalde über mehrere Weiler ins Fürstenberger Seenland führt. Anfangs ist der Bach Grenzbek, dann die Havel Begleiter, die sich gemächlich durch dichtes Grün schlängelt. Nachdem man Boltenhof mit seiner Gutsanlage und Bredereiche mit seiner Schleusenanlage passiert hat, lädt der von herrlicher Waldlandschaft gesäumte Stolpsee zum Baden und Picknicken ein, bevor es durch den Havelpark in die Wasserstadt Fürstenberg/Havel geht. Hier stehen Wassersportlern die Wege in den Norden offen. Wer will, kann auch auf die Draisine umsteigen und über Himmelpfort nach Templin weiterstrampeln.

Idyllische Orte wie diesen findet man in der Wasserstadt Fürstenberg

Dannenwalde – Fürstenberg 24

Infos zur Tour

Hinfahrt
Bahnhof Dannenwalde
(RE5, alle 2 Std., ca. 55 Min. ab Berlin Hbf.)

Rückfahrt
Bahnhof Fürstenberg/Havel
(RE5, stdl., ca. 60 Min. bis Berlin Hbf.)

Variante
Die Wanderung lässt sich gut mit dem Woblitzrundweg (▶ Seite 177) kombinieren: Dafür mit dem Bus 517 von Fürstenberg/Havel nach Lychen fahren oder nach Himmelpfort wandern und von dort aus die halbe Wanderung um die Woblitz nach Lychen machen.

Streckenverlauf
(Bahnhof) Dannenwalde – Boltenhof – Bredereiche – Fürstenberg/Havel

Streckencharakteristik
Relativ lange, abwechslungsreiche Wanderung durch Waldlandschaft mit mehreren Seen und kurzen Abschnitten auf ruhigen Straßen

Schwierigkeit
Mittelschwere Wanderung mit leichten Steigungen

Für Kinder
Nein

Beschilderung
Blauer Punkt bzw. Balken für den Europawanderweg E 10

Baden
Badestellen an der Havel und am Stolpsee

Besonderheiten
Weite Teile der Strecke ohne Einkehrmöglichkeit – unbedingt genügend Verpflegung und Getränke mitnehmen. Außerdem neben Badezeug auch Sonnen- und Mückenschutz.

Einkehren
Café & Bistro GUTESS
Unter dem Motto „Natürlich wirtschaften" wurde der Gutshof neu belebt und bietet im schönen Ambiente des Herrenhauses Kaffeespezialitäten, Salate, Suppen und anderes aus der regionalen Küche, auch vegane Speisen. Außerdem FeWos ab 70 €.
Gut Boltenhof · Lindenallee 14 · 16798 Fürstenberg/Havel ·
(03 30 87) 5 25 20 · Mi/Fr 18–20, Sa/Fei 12–20, So 12–17 Uhr, Mo–Fr von 12–13 Uhr kleiner Mittagstisch
Hofladen tgl. 10–17 Uhr

Restaurant Am Yachthafen
Hübsch gelegen am Wasser mit gutbürgerlicher Küche.
Unter den Linden 2 · 16798 Fürstenberg/Havel · (03 30 93) 6 08 30 ·
tgl. ab 12 Uhr

Café INNFernow
Es ist nicht das gemütlichste Lokal, aber praktisch. Neben Frühstück, Eis, Kaffee und Kuchen gibt es hier einen preiswerten, auch vegetarischen Mittagssnack.
Brandenburger Str. 21 · 16798 Fürstenberg/Havel · (03 30 93) 41 99 60 ·
www.innfernow.de ·
Sommer tgl. 8-18,
Winter Do-So 8-17 Uhr

24 Dannenwalde – Fürstenberg

Dannenwalde

Dass Wanderer von **Dannenwalde** starten können, haben sie engagierten Bürgern zu verdanken, die sich dafür eingesetzt haben, dass der Bahnhof als **Wanderbahnhof** wieder geöffnet wird. In dem Zusammenhang entstand auch der liebevoll angelegte Barfußpfad, der gleich neben den Gleisen dazu einlädt, über allerhand Materialien zu steigen und die Füße so auf die bevorstehende Wanderung einzustimmen. Einen einladenden Eindruck macht auch die achteckige neugotische **Patronatskirche** von 1821 mit ihrer rosa Fassade, die ein Stück weiter an der B 96 steht und sich inzwischen Radfahrern und Wanderern als „Kirche am Weg" empfiehlt. Sie macht vergessen, dass es in dem Ort 1977 zu einer Raketenkatastrophe mit zahlreichen Todesopfern kam, als hier ein Munitionslager der in der DDR stationierten sowjetischen Truppen explodierte. Noch älteren Datums als die Kirche ist das benachbarte Herrenhaus aus dem frühen 18. Jahrhundert, das auf ein Gut derer von Prignitz zurückgeht, mehrfach den Besitzer wechselte und zurzeit restauriert wird.

Von Dannenwalde bis Boltenhof

km 0–7,5

Vom Bahnhof Dannenwalde läuft man bis zur Bundesstraße B 96 und dort links bis zur Kirche, wo man rechts in die Blumenower Straße abbiegt. Kurz darauf geht es links an dem Radfernweg nach Bredereiche entlang durch Felder in Richtung Wald. Dort zweigt nach ca. 1,5 Kilometern rechts ein blau markierter Wanderweg ab. Er führt durch Mischwald und an einer Schranke vorbei zur Straße von Dannenwalde nach Blumenow, der man ein kurzes Stück nach links und über eine Brücke folgt, um dann wieder links in einen breiten Waldweg einzubiegen. Hier wandert man eine Weile auf hügeligem Terrain am Grenzbek entlang, der einst Preußen von Mecklenburg-Strelitz trennte, und folgt dann der Markierung nach rechts, bis man wieder den Bach erreicht. Nun geht es an seinem Ufer entlang nach rechts weiter und schließlich auf einem Reitweg zur Straße von Blumenow nach Bredereiche. Diese ist bei einer Bushaltestelle zu queren, um anschließend auf der wenig befahrenen Allee nach Boltenhof zu laufen.

Im Herzen des kleinen Orts **Boltenhof** liegt das gleichnamige **Gut,** das zu den wenigen noch erhaltenen Gutsanlagen in Brandenburg

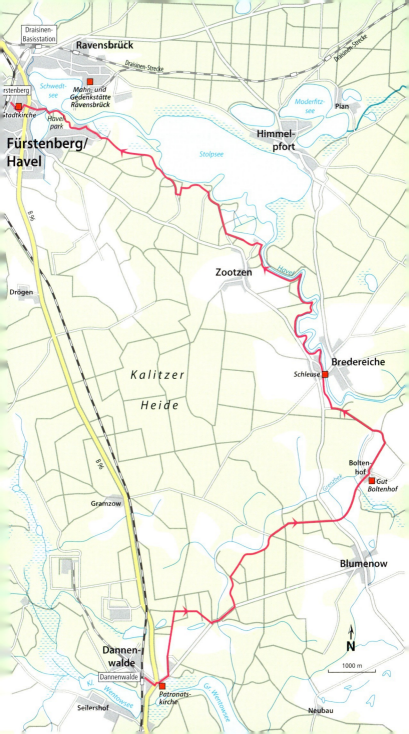

gehört. Es wurde im 19. Jahrhundert als Rittergut gegründet; zu den Besitzern gehörte unter anderen die Berliner Kaufmannsfamilie Bolle. Nachdem es im Zweiten Weltkrieg Zufluchtsort für viele Familien gewesen war, wurde es zu DDR-Zeiten als „volkseigenes Gut" bewirtschaftet. Inzwischen ist das denkmalgeschützte Anwesen in Privatbesitz. Eine Lindenallee führt zum Gutshaus, in dem das stilvolle Restaurant GUTESS untergekommen ist. Rundum ist es von Rinder- und Pferdeställen sowie schönem, altem Baumbestand umgeben.

Von Boltenhof nach Bredereiche

km 7,5–10,5

Am Ortseingang von Boltenhof zweigt gegenüber vom Gutshof links ein Feldweg ab, der nahe dem Grenzbek zu einer Baumallee führt. In diese biegt man links ein und gelangt am Quellsee des Grenzbeks entlang in hohen Kiefernwald. Der Weg führt zu einem Rastplatz an der Havel und weiter zur Straße, auf der man nun rechts nach 500 Metern Bredereiche erreicht.

Auf einem Feldsteinsockel steht die Fachwerkkirche von Bredereiche mit ihrer Wetterfahne

In **Bredereiche,** das in seiner Mitte von der Havel durchflossen wird, dreht sich alles um die **Schleuse.** Sie entstand im 19. Jahrhundert, nachdem die Havel zwischen Stolpsee und Zehdenick reguliert und begradigt wurde. Für sie wurde eigens ein 400 Meter langes Kanalbett ausgehoben. Die ursprüngliche Schleuse mit ihrer imposanten Zugbrücke existiert allerdings nicht mehr, an ihrer Stelle gleicht heute eine moderne Anlage aus Beton den Höhenunterschied von 3,2 Metern aus. Schön anzusehen ist außerdem die **Fachwerkkirche** in der Ortsmitte. 1689 auf einem massiven Feldsteinsockel errichtet, schmückt sie eine Wetterfahne mit der Jahreszahl 1713. Im Inneren haben ein Altar der Templiner Schnitzerschule und ein Leuchter von 1599 die Jahrhunderte überdauert. In der Saison kann man sich in der **Eisdiele** an der Dorfstraße 71 eine Erfrischung holen oder sich im **Bootshaus Bandelow** an der Dorfstraße 8 mit gutbürgerlicher Küche stärken.

Von Bredereiche nach Fürstenberg

km 10,5– 22,5

Am Ortseingang hält man sich rechts und läuft an der Bushaltestelle vorbei zur Kreuzung Schwarzer Weg/Schleusenstraße, wo der Wegweiser links auf den Schwarzen Weg nach Fürstenberg-Zootzen führt. Nach dem letzten Haus biegt man auf der rechten Seite in den Wald ein und gelangt auf dem markierten Wanderweg zur Havel, die sich ganz gemächlich durch die Schilf- und Waldlandschaft schlängelt und immer wieder einen wunderbaren Anblick bietet. Mal mehr, mal weniger nah geht es am malerischen, von dichtem Grün gesäumten Ufer entlang, bis man nach ca. 3 Kilometern einen Camping- und Wasserwanderplatz erreicht. Man durchquert ihn, folgt der Havel nach Regelsdorf und lässt sich von der Markierung durch Felder zum Stolpsee leiten. Durch herrlichen Kiefern- und Laubwald bewegt man sich nah am See und dem Schullandheim Waldhof entlang und kommt zu einem schönen Rastplatz, wo man vor der letzten Etappe noch einmal eine Pause einlegen kann. Schließlich führt die Markierung am technischen Denkmal der Eisenbahnfähre vorbei, die einst Züge über die Havel beförderte, in den Havelpark. Über eine Fußgängerbrücke gelangt man zu den ersten Häusern von Fürstenberg und weiter in die Altstadt. Auf der Schwedtseestraße am Marktplatz mit der Kirche und einem leider recht hässlichen Supermarkt angekommen, läuft man links zur Bahnhofstraße, die rechts nach ca. 200 Metern zum Bahnhof führt.

Nach Plänen von Schinkel errichtet: die neobyzantinische Kirche in Fürstenberg

Als einzige Stadt Deutschlands, die sich Wasserstadt nennen darf, verteilt

24 Dannenwalde – Fürstenberg

Harrt noch seiner zukünftigen Bestimmung: Schloss Fürstenberg

sich **Fürstenberg** auf drei Inseln und ist rundum von Seen – dem Röblin-, Baalen- und Schwedtsee – umgeben, die zu den schönsten und saubersten Brandenburgs gehören. Zugleich ist die Stadt idealer Ausgangspunkt für Kanutouren oder andere Bootstrips. In diesem Zusammenhang wurden auch der Fisch-Kanu-Pass und ein schöner Wasserwanderplatz im Zentrum der Stadt angelegt. Außerdem lädt der **Havelpark** dazu ein, am Wasser zu flanieren. Während das **Schloss** noch seiner Restaurierung und weiteren Bestimmung harrt, wurden viele Gebäude in der historischen Innenstadt restauriert und zum Teil mit Informationstafeln gekennzeichnet. Auf dem Marktplatz steht indessen die neobyzantinische **Stadtkirche,** die 1845 nach Plänen Schinkels errichtet wurde und inmitten von Emporen und Kirchenbänken aus dunklem Holz den größten hängenden Batikteppich Europas in sich birgt. Außerhalb des Stadtzentrums, an der Straße nach Himmelpfort, erinnert die **Mahn- und Gedenkstätte Ravensbrück** im ehemaligen Konzentrationslager an die Schicksale unzähliger während der NS-Zeit internierter Frauen (Straße der Nationen · (03 30 93) 60 80 · www.ravensbrueck.de · Besucherzentrum Di–So 10–16, Außengelände bis 20 Uhr). Wer will, kann die Wanderung in der Zeit von Ostern bis Oktober auch mit der **Draisinenfahrt** von Fürstenberg nach Templin beschließen und von dort aus mit dem Zug zurückfahren ((0 33 77) 3 30 08 50 · www.draisine.com).

Lychen: Woblitzumrundung

Auf dem Woblitzrundweg zur Pforte des Himmels

25

Start	Ziel	Länge	Gehzeit
Lychen	Lychen	20,5 km	5 Std.

Jede Menge Seen liegen rund um Lychen, das sich mitten im Naturpark Uckermärkische Seen mit endlosen Wäldern, Wiesen und Äckern befindet. Hier sind Biber, See- und Schreiadler sowie Schwarzstörche zu Hause. Die Stadt selber lebte lange Zeit von der Flößerei, heute ist der Tourismus Haupterwerbszweig. Denn Lychen ist nicht nur idealer Erholungsort, sondern auch Ausgangspunkt für Wassersportler und Wanderer. Eine besonders reizvolle Strecke ist der Woblitzrundweg, der reichlich Wasser und schöne Laubwälder passiert. Auf halber Strecke lädt das Dörfchen Himmelpfort dazu ein, neben der romantischen Klosterruine dem Weihnachtspostamt einen Besuch abzustatten.

Wo man schnell ins Schwärmen gerät: die verträumte Klosterruine von Himmelpfort

25 Lychen: Woblitzumrundung

Infos zur Tour

Hin- und Rückfahrt
Haltestelle Lychen/Markt
(Bus 517, alle 2 Std. ab Fürstenberg/Havel, bis dahin RE5, ca. 1 Std. 45 Min. ab Berlin Hbf.; letzte Rückfahrt 19.40 Uhr)

Variante
Wer die Wanderung eher beenden möchte, kann von Himmelpfort auf dem blau markierten Weg, der auch von Fahrradfahrern genutzt wird, ins 7 km entfernte Fürstenberg laufen.

Streckenverlauf
Lychen – Brennickenswerder – Naturschutzstation Woblitz – Himmelpfort – Pian – Großer Lychensee – Lychen

Streckencharakteristik
Abwechslungsreiche Strecke an vielen Seen vorbei und durch Laubwald

Schwierigkeit
Einfach, leichte Steigungen

Für Kinder
Ja, bei entsprechendem Durchhaltevermögen

Beschilderung
Woblitzrundweg, durchgängig mit grünem Balken markiert

Baden
Strandbad und Badestellen am Großen Lychensee sowie am Moderfitz- und Stolpsee

Besonderheiten
Im Sommer ist aufgrund des vielen Wassers nicht nur Sonnen-, sondern auch Mückenschutz erforderlich.

Information
Weihnachtshaus Himmelpfort
Informationsmaterial und regionale Produkte. Herzhafte Suppen und kleine Speisen. Auch Radvermietung und Herberge (Übernachtung ab 30 €).
Klosterstr. 23 · 16798 Himmelpfort · (03 30 89) 4 18 88 · www.weihnachtshaus-himmelpfort.de ·
Apr.–Okt. Mo–Fr 10.30–16.30, Sa/So 10–17, Winter nur Mo/Di/So/Fr 11–16.30, Sa/So 10–18 Uhr

Sehenswertes
Flößereimuseum
Clara-Zetkin-Str. 1 · 17279 Lychen · (03 98 88) 29 92 · www.floesserverein-lychen.de · Juni–Okt. Di–So 10–18 Uhr

Einkehren
Mühlenwirtschaft
Schönes Café mit großer Terrasse in der restaurierten Mühle.
Stabenstr. 2 · 17279 Lychen · (03 98 88) 52 48 76 · www.muehlen-mahlzeit.de · Di–So 14–20 Uhr

Gasthaus am Stadttor
Sympathisches, rustikales Gasthaus mit Hofgarten, uckermärkische Küche. Häufig Live-Musik. Auch Gästezimmer.
Stargarder Str. 16 · (03 98 88) 4 31 16 · www.gasthof-am-stadttor.de ·
Mo, Do, Fr ab 16, Sa/So ab 12 Uhr

Mönchs Schänke
Neben Espresso und Kaffeespezialitäten gibt es auch Salate und Suppen.
Klosterstr. 8 · 16798 Himmelpfort · (03 30 89) 40 99 98 · www.moenchs-schaenke.de · Di–So ab 11.30 Uhr, im Winter Schließzeiten

Lychen: Woblitzumrundung 25

25 Lychen: Woblitzumrundung

Flößerstadt Lychen

Rundum von Wasser und sanften Hügeln umgeben ist **Lychen** von ganz besonderem Reiz. Weithin sichtbares Wahrzeichen des Stadtkerns, der wie auf einer Insel liegt, ist die frühgotische **Feldsteinkirche St. Johannes.** Sie wurde bereits in der zweiten Hälfte des 13. Jahrhunderts errichtet und hat mit ihrem wehrhaften Charakter mehrere Stadtbrände überlebt. Ihre Bronzeglocken fielen dem Ersten Weltkrieg zum Opfer, aber die 1 564 Pfeifen der Orgel aus dem Jahr 1907 erklingen noch heute. Im Flößereimuseum lässt sich indessen nachverfolgen, dass die Stadt traditionell von der Flößerei lebte. Daran, dass die Flößer Baumstämme zu breiten Flößen verbanden und mit ihnen Ziegel, Holz und anderes Material nach Berlin und anderswohin transportierten, erinnert außerdem das alljährlich am ersten Augustwochenende stattfindende Flößerfest. Inzwischen ist der Tourismus längst zum Haupterwerbszweig der Stadt geworden, die mit ihrer Lage im Naturpark Uckermärkische Seen idealer Standort für Wassersportler, aber auch für Badeurlaub ist. In diesem Zusammenhang sind schon vor rund 100 Jahren allerlei stattliche Villen entstanden. Ansonsten lässt sich an einem der Häuser ablesen, dass in Lychen auch die Reißzwecke erfunden wurde. Sie geht auf den Lychener Uhrmacher Johann Kirsten zurück, der um 1902 herum einen Nagel mit einem Stück Blech verband, was später patentiert wurde. Heute taucht die Pinne als Symbol der Stadt auch an touristischen Hinweistafeln auf.

km 0–3 Von Lychen nach Brennickenswerder

Ausgangspunkt der Wanderung ist der Markt im Zentrum von Lychen, wo sich auch ein kleiner Parkplatz befindet (ein weiterer liegt ein Stück weiter an der Fürstenberger Straße). Von hier aus läuft man zunächst ein kurzes Stück auf der Fürstenberger Straße in Richtung Fürstenberg, bis links an der Bootseinsetzstelle am Großen Lychensee der mit grünem Balken markierte Woblitzrundweg mit Wegweiser nach Himmelpfort abzweigt. Zwischen Gartenhäusern geht es in Ufernähe am See entlang. Am Hinweisschild nach Himmelpfort und zur Greifvogelstation wandert man dann links zum Seeufer, weiter über eine Brücke und auf der anderen Seite am Ufer des idyllischen Großen Lychensees entlang. Hinter dem Strandbad folgt man rechts dem schmalen Pfad, der ne-

Lychen: Woblitzumrundung 25

ben vereinzelten Gartenhäusern unter mächtigen Buchen, Linden und anderen Laubbäumen am Wasser entlangführt – mit schönen Ausblicken auf die im See gelegene Insel Hohes Werder. Bei der T-Kreuzung biegt man links in den breiten Fahrweg, um ein größeres Privatgelände zu umgehen, und folgt der grünen Markierung im Bogen durch den schönen Laubwald. Bald ist die Feriensiedlung Brennickenswerder mit Bootsverleih sowie Eis- und Getränkeverkauf erreicht.

Von Brennickenswerder nach Himmelpfort   km 3–10

Wer will, kann sich hier eine Erfrischung holen, ansonsten biegt man vor der Einfahrt zur Feriensiedlung links in Richtung Greifvogelstation ab. Wieder säumen Buchen, zum Teil auch Kiefern den Weg, bis es an einer Weggabelung rechts auf einen breiten Weg in Richtung Himmelpfort geht. Bald ist die Naturschutzstation Woblitz erreicht. An ihr vorbei läuft man weiter durch den Wald, hält sich an der nächsten Weggabelung rechts, lässt die Brücke über die Woblitz rechts liegen und wandert weiter am Flüsschen entlang, bis man auf eine Fahrradstraße gelangt. Diese führt schließlich rechts nach Himmelpfort. Hat man die Schleuse überquert, ist man schon mitten im Zentrum des Orts.

Idyllisch liegt sie da, die Woblitz

Eingebettet in die waldreiche Endmoränenlandschaft der letzten Eiszeit mit mehreren Seen ist der staatlich anerkannte Erholungsort **Himmelpfort** ein besonders idyllisches Fleckchen. Bekannt ist es bundesweit durch sein **Weihnachtspostamt,** in dem alljährlich in der Adventszeit um die 300 000 Briefe mit allen möglichen Kinderwünschen eingehen. Und wer will, kann sogar das ganze Jahr hindurch dem Weihnachtsmann in seiner Stube (hinter der Touristinformation im Haus des Gastes) ei-

25 Lychen: Woblitzumrundung

„Coeli porta" – „Pforte des Himmels" wurde der Ort des Klosters getauft

nen Besuch abstatten. Doch die Hauptattraktion ist die romantische, von Efeu überwucherte **Klosterruine.** Sie ist Relikt eines Zisterzienserklosters, das 1299 gegründet, im 16. Jahrhundert aufgelöst und von da an als Gutshof genutzt wurde. Heute sind die Kirche, das Brauhaus und Mauerreste am Ufer des Haussees wunderschön anzusehen und man kann gut nachvollziehen, dass Bruder Otto den Ort auf den Namen „Coeli porta" – „Pforte des Himmels" taufte. Im Sommer gibt die Ruine auch die Kulisse der Himmelpforter Klassiktage ab. Schräg gegenüber wird außerdem die Tradition des **Klosterkräutergartens** gepflegt, der Wissenswertes über die heilende Wirkung von Pflanzen vermittelt.

km 10–12,5 Von Himmelpfort nach Pian

Nachdem man auf der Klosterstraße durch den Ort gelaufen ist, biegt rechts am Hinweisschild der Wanderweg nach Pian und Lychen in die Straße Zur Hasenheide ein und führt immer geradeaus an den letzten Häusern vorbei aus dem Ort hinaus. Am Wegrand steht die Holzfigur eines Mönchs, der der Sage von der Strohbrücke zufolge ein Mädchen mit Stroh umwickelt ins Kloster schmug-

geln wollte, aber entdeckt und ins Fegefeuer auf dem Einödhof hinter Lychen geschickt wurde; deshalb heißt es von Lychen auch, es sei „ein schöner Ort zwischen Fegefeuer und Himmelpfort". Ist man mittlerweile am Wald angekommen, zweigt rechts die Fahrradstraße nach Lychen ab. In diese biegt man ein, hält sich an der ersten Weggabelung rechts, folgt dem Hinweisschild nach Pian (nicht nach Lychen!) und läuft auch dann noch weiter am Ufer des Moderfitzsees mit einigen hübschen Badestellen entlang, wenn die Fahrradstraße links nach Lychen abzweigt. Bald kommt man am Ortseingang von Pian an.

Von Pian nach Lychen

km 12,5–20

Hier führt der Weg links weiter auf einem breiten Waldweg in Richtung Lychen. An der Weggabelung läuft man, immer der grünen Markierung folgend, weiter geradeaus, bis nach ca. 3 weiteren Kilometern der Große Lychensee mit kleinem Rastplatz erreicht ist. Jetzt geht es links am Ufer entlang geradeaus durch tiefen Mischwald. Man passiert eine Feriensiedlung, wandert weiter auf dem Asphaltweg, quert die Draisinen-Strecke und biegt gleich danach rechts auf schmalem Pfad wieder in den Wald ein. Nach einigem Auf und Ab sind schließlich die ersten Häuser von Lychen erreicht. Hier folgt man der grünen Markierung auf die Berliner Straße, die ins Ortszentrum von Lychen zurückführt.

Ungezählt sind die lauschigen Plätze an den uckermärkischen Seen

26 Kleiner Boitzenburger
Vom Verlobungsstein zu Apollo-Tempel und Baumehe

Start	Ziel	Länge	Gehzeit
Boitzenburg	Boitzenburg	10,5 km	3 Std.

Zwar ist der Doppelte Boitzenburger, der 2009 als Deutschlands schönste Tagestour ausgezeichnet wurde, nur schlecht mit öffentlichen Verkehrsmitteln zu erreichen. Doch ist vor allem der Kleine Boitzenburger eine sehr reizvolle Wanderroute, die sozusagen eine Acht um das Uckermark-Dorf schlägt. Als kürzere der beiden Strecken führt sie nicht nur durch ehemaliges herrschaftliches Jagdgebiet mit schönen Wäldern und Seen von hervorragender Badequalität (sogar mit Sprungturm!), sondern ist auch mit architektonischen Highlights gespickt. Auf den Spuren derer von Arnim gibt es unter anderem einen Verlobungsstein, eine Erbbegräbnisstätte und einen Apollo-Tempel zu entdecken.

In der Badesaison liegt der Steg am Schumellensee nur selten so verlassen da

Kleiner Boitzenburger 26

Infos zur Tour

Hin- und Rückfahrt
Haltestelle Boitzenburg Markt (Bus 503 ab Bhf. Prenzlau, wenige Fahrten pro Tag, bis dahin RE3, ca. 2 Std. 40 Min. ab Berlin Hbf.; Sa/So nur wenige Verbindungen, letzte Rückfahrt Mo–Fr 16.46 Uhr (Sa/So 15.33) bis ZOB Prenzlau, weiter mit RE3, ca. 2 Std. 40 Min. bis Berlin Hbf.)

Streckenverlauf
Boitzenburg – Klostermühle – Tiergarten – Verlobungsstein – Hirschbrücke – Boitzenburg – Krienkowsee – Fasanenbrücke – Küchenteich – Schloss Boitzenburg

Streckencharakteristik
Einfache, landschaftlich und kulturgeschichtlich sehr reizvolle Wanderung an mehreren Seen entlang

Schwierigkeit
Einfach, mit leichten Steigungen

Für Kinder
Ja

Beschilderung
Erst grüner diagonaler Strich, dann Rundweg Schumellensee mit gelbem Punkt

Sehenswertes
Technisches Museum Klostermühle
In der alten Mühle erzählen die Müllerwohnung und eine historische Schmiede von den früheren Zeiten des Gebäudes. Von Zeit zu Zeit bewegt sich auch das alte Wasserrad wieder.
Mühlenweg 5 · 17268 Boitzenburg · (03 98 89) 2 36 ·
www.klostermuehle-boitzenburg.de · Di–So 10–17 Uhr, im Winter Di–So 10–16 Uhr

Einkehren
Gasthof Zum grünen Baum
Nach 30 Jahren Leerstand wurde der alte Gasthof aufs Schönste wiederbelebt. Mit feiner, regionaler Küche, stilvollen Gästezimmern (DZ ab 70 €), einem Landkonsum und einer Gasthofbrauerei.
Templiner Str. 4 · 17268 Boitzenburg · (03 98 89) 5 69 95 ·
www.boitzenburger.de ·
Mo/Do/Fr ab 18, Sa/So ab 12 Uhr

Schloss Boitzenburg
Im Schlossrestaurant mit schöner Gartenterrasse wird eine gehobene regionale Küche mit Wildspezialitäten serviert. Außerdem stehen komfortable Zimmer zum Übernachten zur Verfügung (DZ ab 60 €).
Templiner Str. 13 · 17268 Boitzenburg · (03 98 89) 5 09 30 ·
www.schloss-boitzenburg.de ·
Di–Do 12–16, Fr–So 12–20 Uhr

MoccaMilchEisbar
Neben Blutorangen-Sorbet, Blüten- oder Petersilieneis kann man sich drinnen oder auf der Terrasse auch Kaffee, Kuchen, Milchshakes und hausgemachte Erfrischungsgetränke schmecken lassen.
August-Bebel-Str. 31 ·
17268 Boitzenburg ·
(03 98 89) 50 86 70 ·
www.moccamilcheis.de ·
März–Mai, Sep./Okt. Mi–Mo 12–18, Juni–Aug. tgl. 12–18 Uhr

26 Kleiner Boitzenburger

Boitzenburg und Schloss

Boitzenburg steht ganz im Zeichen des uckermärkischen Adelsgeschlechts derer von Arnim, die lange Zeit im **Schloss Boitzenburg** residierten. Bereits 1276 wurde das Anwesen urkundlich erwähnt – als Schutzburg für die umliegenden Gemeinden. Als es die Familie von Arnim übernahm, machten sie daraus ein Barockschloss, das im 19. Jahrhundert wiederum im Stil der Neorenaissance überformt wurde. Selten zeigt sich Brandenburg so verspielt und pompös wie hier – mit seinen Helmtürmchen und Giebelchen wird Schloss Boitzenburg auch mit Neuschwanstein verglichen. Die ursprünglichen Besitzer, die von Arnims, wurden allerdings 1945 enteignet. So übernahmen es nach wechselvoller Nutzung private Betreiber, die es in einen Hotelbetrieb verwandelten. Attraktionen sind ein Tiergehege, zahlreiche Ponys sowie eine Kreativwerkstatt und Zauberschule. Schön anzusehen ist auch der von Peter Joseph Lenné mitgestaltete **Schlosspark** mit dem Amtsteich. Gleich gegenüber vom Schloss hat sich der prächtige sanierte **Marstall** in ein Erlebniscafé mit Schokoladenmanufaktur, Schaubäckerei und Kaffeerösterei verwandelt. Im Übrigen lohnt neben der Klostermühle und Klosterruine auch die **Kirche St. Marien** einen Besuch.

km 0–1 Vom Schloss Boitzenburg zur Klostermühle

Startpunkt ist der Parkplatz gegenüber vom Schloss vor dem Marstall. Hier kann man sich noch einmal mit einem Kaffee oder einer Kleinigkeit aus der Schokoladenmanufaktur stärken, bevor man sich den Hinweisschildern zur Klostermühle folgend auf den Weg macht. Vor der Bushaltestelle links und gleich weiter nach rechts über die Straße Alte Gärtnerei und Am Gutshof, geht es nach 300 Metern links in den Wassersteig und dann vor dem Bach auf den Poetensteig. Auf schmalem Pfad läuft man am Wasser entlang und schließlich links zur Klostermühle mit ihrem schönen alten Wasserrad. Daneben lädt das Wirtshaus Zur Klostermühle zu Kaffee, Kuchen und herzhafter Küche ein.

Erstmals erwähnt wurde die **Klostermühle** 1271, nachdem die Markgrafen das benachbarte Kloster mit dem Wirtschaftsbetrieb ausgestattet hatten. Als das Kloster im Zuge der Reformation aufgelöst wurde, übernahm die Familie derer von Arnim die

Kleiner Boitzenburger 26

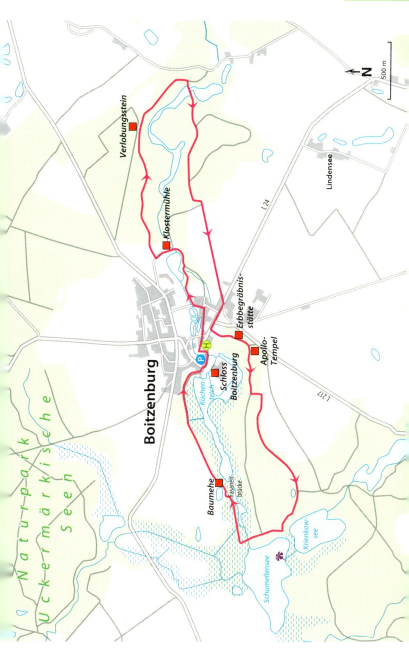

Mühle. In ihrer heutigen Gestalt hat sie bereits seit 1752 die Zeit überdauert. Bis 1959 wurde hier noch Mehl gemahlen, anschließend Tierfutter hergestellt. Heute ist das Gebäude ein Museum (Di–So 10–16, im Sommer bis 17 Uhr). Vom benachbarten **Zisterzienserkloster** ist indes nur die Ruine der Klosterkirche und des Konvents übrig geblieben, um die sich allerlei Legenden ranken. Ursprünglich lebten hier Zisterziensernonnen, die sich um Obst- und Weinanbau verdient gemacht haben. Nach der Reformation übernahm ebenfalls Landvoigt von Arnim die Besitztümer, die Gebäude wurden zu Wohnzwecken genutzt, verfielen aber mit der Zeit. Inzwischen gibt die Ruine im Sommer die stimmungsvolle Kulisse für Theateraufführungen ab.

km 1–6,5 Von der Klostermühle zur Erbbegräbnisstätte

Von der Klostermühle geht es weiter in Richtung Tiergarten. Riesige Buchen und Eichen stehen an dem Weg, der über eine Wiese, auf der Pferde weiden, zu einem ausgeschilderten Waldweg in Richtung Jägerplatz führt. Zwischendurch bietet sich ein Abstecher zur ältesten Eiche der Gegend an. Nächste Station ist der **Verlobungsstein.** *Wie ein versteinerter Dickhäuter ruht der mit Moos überzogene Findling aus Granit in einer kraterartigen Vertiefung. 5,9 Meter lang, 3,8 Meter breit, 1,9 Meter hoch und 50 Tonnen schwer ließen ihn die Arnims hier anlässlich einer Verlobung freilegen. „Wollt ihr im Leben glücklich sein?/So trefft euch am Verlobungsstein./Und wie der Ring den Stein umschlingt,/Seid beide ihr dann auch beringt./ So tief und fest wie dieser Stein,/wird später eure Liebe sein" ist hier auf einem Schild zu lesen. Weiter geht es durch Laubwald mit vielen hohen Buchen, Eichen und Linden, bis der erste See durch das Grün hindurchschimmert. Man überquert ihn auf der Hirschbrücke und wandert weiter durch Maisfelder, die rechts und links des Wegs bis zu zwei Meter hoch sind. Über sie hinweg taucht in der Ferne die Kirche mit einigen roten Dächern von Boitzenburg auf. Bald ist auch das Dorf erreicht. Wer müde ist, kann bereits hier die Wanderung beenden. Ansonsten schließt sich jetzt der zweite*

Die Mühle ist heute Technisches Museum

Teil des Kleinen Boitzenburgers, der Rundweg zum Schumellensee, an. Dafür überquert man die Landstraße L 24, läuft am Hinweisschild zur MoccaMilchEisbar vorbei (sehr hübsch, mit Terrasse) und biegt am Gärtnerhaus links ab. Schon sieht man ein bezauberndes Kleinod. Jetzt folgt man der Markierung mit dem gelben Punkt in den Wald und zur **Erbbegräbnisstätte** *derer von Arnim.*

Rechts vom Weg liegt das stattliche, halbkreisförmige Anwesen mit mehreren Gräbern – das letzte von 2005 – auf einem Hügel, zu dem eine von Löwenskulpturen flankierte Treppe hinaufführt. 1887 von Dietloff Friedrich Graf von Arnim begonnen, ließ dessen Witwe Helene Gräfin von Arnim, geborene von Schleinitz, die Anlage im neoromanischen Stil vollenden. Kurz darauf buhlt indes der **Apollo-Tempel** um die Aufmerksamkeit des Wanderers. 1855 entstanden, wird der freundliche, offene Rundtempel gern für Hochzeiten genutzt und bietet einen wunderbaren Blick auf das bombastische Schloss Boitzenburg, das von hier aus tatsächlich aussieht wie das Neuschwanstein des Nordens.

Vom Apollo-Tempel zum Schloss Boitzenburg

km 6,5–10,5

Nun ist es nicht mehr weit zum Krienkowsee mit überdachtem, „Dietlofs Lust" genanntem, Rastplatz. Aber so schön der Blick durch die Buchen aufs Wasser ist – gleich lockt schon wieder das nächste Gewässer, der Schumellensee. Ein kurzes Stück bergab und man erreicht den kleinen Strand mit Badesteg und Sprungturm. Ein Schild bescheinigt dem See beste Wasserqualität – entsprechend gut besucht ist das Fleckchen im Sommer bei entsprechenden Temperaturen. Hier wandert man nun rechts in Richtung Fasanenbrücke weiter, im Wald geht es jetzt steil bergauf und bergab, bis man links zur Brücke kommt. Fasanen sind weit und breit keine zu sehen, dafür wartet, hat man die Brücke überquert, eine weitere Sehenswürdigkeit, die ausnahmsweise nicht auf die von Arnims zurückgeht: die sogenannte **Baumehe**, *eine kuriose Verästelung von einer Buche und einer Eiche. Auf den letzten 1,5 Kilometern zurück nach Boitzenburg läuft man durch Wald und an Wiesen vorbei, bis schließlich der Küchenteich und das* **Schloss** *in Sicht kommen. Von hier aus sind es nur noch ein paar Schritte zurück zum Parkplatz. Doch zunächst gilt es, sich rund um das Schloss im schönen Park mit kleinem Tiergehege umzusehen.*

Register

66-Seen-Wanderweg 62

A
Altenhof 20, 25
Alt Krüssow 136
Alt Ruppin 150
Annenpfad 134
Apollo-Tempel 189
Askanierturm 25
Aussichtsturm auf dem Galgenberg 34

B
Bachsee 38
Backofenmuseum 112
Bad Belzig 114, 119, 126, 128
Bad Freienwalde 28, 35
Bad Saarow 62
Barnim Panorama 10
Baumehe 189
Baumgarten 144
Baumgartenbrück 107
Berliner Mauerweg 88
Bibliotheksgasthof 114
Binenwalde 154
Binnendüne 68
Biosphärenreservat Schorfheide-Chorin 20, 36, 38, 43
Biosphärenreservat Spreewald 80
Birkenwerder 14
Bismarckturm 30, 87
Boddensee 14
Boitzenburg 184
Boltenhof 172
Boltenmühle 153
Bölzke 138
Borne 128
Braunsberg 154
Bredereiche 174
Bremsdorfer Mühle 72, 74
Brennickenswerder 180
Briese 14
Briesetal 14
Britz 36
Brodowin 43, 46
Buckow 48, 52, 55
Burg 80
Burg-Dorf 86

Burg Eisenhardt 114, 126, 130
Burgenwanderweg 114

C
Caputh 94, 104
Chorin 36, 43
Clara-Zetkin-Gedenkstätte 19

D
Dahmsdorf 71
Dannenwalde 170
Draisinenfahrt 176

E
Eichhorst 20, 26
Einstein-Sommerhaus 96
Einsteinturm 96
Emstal 108
Emstaler Schlauch 113
Erbbegräbnisstätte 189
Eulenturm 32

F
Falkenberg 28
Feldsteinkirche St. Johannes in Lychen 180
Ferch 104
Fläming 114
Fledermausmuseum 54
Forsthaus Rottstiel 153
Forsthaus Siehdichum 74
Forsthaus Wensickendorf 16
Franzensberg 107
Fürstenberger Seenland 170
Fürstenberg/Havel 170, 175

G
Galgenberg 32
Gransee 140
Großer Glubigsee 71
Großer Kolpiner See 62
Großer Müllroser See 72
Großer Stechlinsee 164
Großer Werder 12
Groß Glienicke 90

H
Hafendorf Rheinsberg 163
Hagelberg 125
Haus der Naturpflege 30
Haus Tornow 54
Havelländische Malerkolonie 104
Havelpark 176
Havelseen 88
Heilandskirche 88
Heiligengrabe 134
Himmelpfort 170, 177, 181
Hoher Fläming 119, 128
Huwenowsee 140

J
Jagdschloss Hubertushöhe 70
Joachimsthal 20
John-Heartfield-Haus 59

K
Kaiserbahnhof Joachimsthal 20
Kavalierhaus 100
Kirche St. Marien 186
Kleinbahnstrecke Waldsieversdorf–Buckow 59
Kleiner Boitzenburger 184
Kloster Chorin 40
Klosterkirche St. Trinitatis 150
Klosterkräutergarten 182
Kloster Lehnin 108
Klostermühle 186
Kloster Stift zum Heiligengrabe 134
Königswald 88, 93
Königswall 92
Kranepuhl 116
Kunstwanderweg 119, 128
Kupferhammer 77
Kurfürstenquelle 33

Register

L
Lehde 84
Lehnin 110
Lehniner Heide 108
Leipe 85
Liepnitzsee 8, 12
Lindow 140
Löwenapotheke 150
Lübbenau 80, 82
Lühnsdorf 116
Luisendenkmal 140
Lychen 177

M
Mahn- und Gedenkstätte Ravensbrück 176
Marienkirche 70
Märkische Schweiz 48
Mixdorf 72, 78
Molchow 151
Müllrose 72, 79

N
Naturerlebnispfad 162
Naturpark Barnim 8
Naturpark Dahme-Heideseen 62
Naturpark Märkische Schweiz 48
Naturpark Stechlin-Ruppiner Land 164
Naturpark Uckermärkische Seen 177
Naturschutzgebiet Königswald 88
Neuehütte 38
Neuglobsow 166
Neuruppin 146
Nikolaikirche Alt Ruppin 151
Nikolaikirche in Lübbenau 84

O
Oderlandmuseum 35
Ökodorf Brodowin 43

P
Patronatskirche in Dannenwalde 172
Petzow 105
Pfarrkirche St. Laurentius in Rheinsberg 158
Pian 182
Planetal 118
Poetensteig 48
Postmeilensäule 82
Potsdam 94
Preußnitz 116
Prignitz 134
Pritzhagener Mühle 48, 54

R
Rädigke 114, 118
Ragower Mühle 79
Reichenwalde 67
Rheinsberg 146, 158
Rheinsberger See 156
Rheinsberger Seenkette 156
Roger Loewig Haus 130
Ruppiner Schweiz 146

S
Saarowtherme 67
Sacrower See 88, 93
Scharmützelsee 62
Schermützelsee 48, 55, 61
Schlamau 123
Schlaubetal 72
Schlaubetalwanderweg 72
Schloss Bad Freienwalde 35
Schloss Boitzenburg 186
Schloss Fürstenberg/Havel 176
Schloss Lübbenau 84
Schloss Meseberg 144
Schloss Petzow 106
Schloss Rheinsberg 158
Schloss Sacrow 90
Schloss Wiesenburg 122, 133
Schmerwitz 124
Schwielowsee 94, 101
Skisprungschanze 32
Spreewaldtherme 80
Stendenitz 152
St. Nikolaikirche in Bad Freienwalde 35
Stobbertal 48, 55
Storkow 68
Storkower See 62
St. Thomaskirche in Dahmsdorf 71

T
Templin 170
Templiner See 94
Tornowsee 153
Tucholsky-Museum 160
Turmdiplom 28
Turmwanderweg 28

U
Umweltbildungszentrum Drei Eichen 58
Ützdorf 12

V
Verlobungsstein 188

W
Waldschule in der Kolonie Briese 18
Waldsiedlung Wandlitz 12
Waldsieversdorf 59
Wallfahrtskirche Alt Krüssow 134
Wanderbahnhof Dannenwalde 172
Wandlitz 8
Wandlitzsee 8
Warenthin 161
Weihnachtspostamt 181
Wendisch Rietz 62
Wensickendorf 14
Werbellinsee 20
Wiesenburg 119, 128
Wildau 25
Willibald-Alexis-Denkmal 113
Wissenschaftspark Albert Einstein 96
Woblitzrundweg 177

Z
Zechlinerhütte 162
Zisterzienserkloster Chorin 43

Impressum

Liebe Leserinnen und Leser,
alle Angaben in diesem Wanderführer sind gewissenhaft geprüft. Trotz gründlicher Recherche können sich manchmal Fehler einschleichen. Wir bitten um Verständnis, dass der Verlag dafür keine Haftung übernehmen kann. Über Hinweise, Berichtigungen und Ergänzungsvorschläge freuen wir uns jederzeit!

Verlagsanschrift
via reise verlag
Lehderstraße 16–19
13086 Berlin
post@viareise.de
www.viareise.de

© via reise verlag Klaus Scheddel
5. überarbeitete Auflage, Berlin 2021
Alle Rechte vorbehalten.
ISBN 978-3-945983-94-2

Text & Recherche
Ulrike Wiebrecht

Redaktion
Janna Menke

Herstellung & Gestaltung
Katharina Arlt

Kartografie
Annelie Krupicka, Antonia Ortmann, Tanja Onken

Druck
Ruksaldruck, Berlin

Fotonachweis
Ulrike Wiebrecht, außer:
christiane65/stock.adobe.com 160; Erell/Schloss Meseberg/CC-BY-3.0/bearb. 140; Gemeinfrei 174; ich-selbst-der-wolf/pixelio.de 87; Jürgen Rosemann/Schloss Wiesenburg/CC-BY-2.0 122; Mic. Ro/pixelio.de 85; rabe/pixelio.de 86; Regina Zibell/TMB-Fotoarchiv 25; Ruper/pixelio.de 80; Scheddel, Klaus 18, 27, 139, 145, 175, 176; Schweizer, Kerstin 47, 62, 66, 69, 70; Schwielowtourismus 100; Verena-N./pixelio.de 101; Ch. Wittig/Tourismusverband Fläming e. V. 99

Foto Umschlag vorn
Wegweiser bei Chorin
(Ulrike Wiebrecht)

Foto Umschlagklappe vorn
Kloster Chorin
(spuno/stock.adobe.com)

Foto Umschlag hinten
Fischerei am Großen Stechlinsee
(Klaus Scheddel)

Foto Seite 1
See im Schlaubetal
(Ulrike Wiebrecht)